視而不見

震驚全球法國殺夫案
瓦蕾麗・巴科
毀滅重生的堅韌自白

TOUT LE MONDE SAVAIT

VALÉRIE BACOT

瓦蕾麗・巴科——著

林嶼——譯

獻給我的孩子們

目次

推薦序

看見不願看見的真相

「看，那可憐的小女孩……她穿著舊圍裙，手裡拿著一捆火柴。但那天正是除夕夜，大家都忙得不可開交。這惡寒的天氣裡，沒有人停下來關注這令人憐憫的孩子……

隔天清早，路人卻在角落，發現了她冰冷的身軀……」

——《賣火柴的小女孩》，漢斯．安徒生（Hans Andersen），一八四五年。

瓦蕾麗．巴科就像安徒生筆下賣火柴的小女孩，擁有一雙大大的藍色眼睛和棕色頭髮。雖然她沒有因寒冷而死，內心卻早已千瘡百孔。她是個破碎的女人，不僅因為母親的冷漠，也不僅因為遭到性侵、毆打、羞辱、強迫賣身，更因為社會的漠視與沉默。

從小，她便承受著無法想像的苦難，身邊的人卻選擇視而不見，連最親近的家人都無動於衷。她臉上的表情早已透露一切，卻沒有人願意讀懂。

對瓦蕾麗而言，她的「火柴」，即生命中的光亮，就是她的孩子們。他們讓她有了活下去的動力，也讓她能試著重新找回自己。我們希望未來的某一天，這個社會能真正關心那些遭受家庭暴力的女性，並伸出援手，讓她們不再孤立無援。希望這個社會能夠理解，並給予最大的寬容，讓她有機會重建人生。

當我們第一次在第戎（Dijon）看守所見到瓦蕾麗時，很難想像她所經歷的一切。她的故事令人震撼，她究竟是如何熬過這場地獄般的生活？

瓦蕾麗在三個兄弟姐妹中排行老二。她父母離婚兩次，童年充滿痛苦和悲傷。母親暴力相向、酗酒成癮，甚至有自殺傾向；父親則時常缺席她的生活。

瓦蕾麗十二歲時，她的繼父，也就是母親的情人，丹尼爾・波萊特（Daniel Polette）第一次侵犯了她。丹尼爾因為這件事在一九九五年被法院判刑入獄，然而出獄後，竟然重新回到這個家庭，還再次強迫瓦蕾麗與他發生關係。

這名少女懷孕了，懷著第一個孩子時才十七歲。母親沒有給她任何庇護，反而把她趕出家門。無依無靠的她，只能與這個施暴的男人展開漫長的共生關係。

丹尼爾施以各種虐待長達十八年之久，包括精神與肉體上的折磨、侮辱、毆打、猥褻、強暴。

瓦蕾麗的故事代表了千千萬萬個在沉默中受苦的女性。因此，當她的案件出現時，我們毫不猶豫地決定為她辯護，陪伴她走上索恩—盧瓦爾省

（Saône-et-Loire）重罪法庭接受審判。

我們翻閱她的案件時深受震撼，但我們同時更加堅信，必須讓這個社會聽見她的聲音。

至今，受虐女性仍然難以報案，因為她們往往難以向警方或司法機關清楚描述，自己在封閉的家庭空間裡所遭受的折磨。

瓦蕾麗．巴科的案件，不只是一起四個孩子的母親的殺夫案件，而是家庭暴力受害者長期受虐的縮影：

- **心理操控**：這是一種鮮少被司法體系認知到的情況。受害者因受施暴者支配，產生極度的恐懼與羞恥，而無法確切表達自己的痛苦，更無法報警。
- **嚴重的創傷後壓力症候群**：受害者長期遭受心理、身體的暴力，尤其是性虐待，特別是當她們還未成年時。

- **司法與執法機構的失職**：我們的體系存在嚴重的缺陷，例如，這位曾經被繼父性侵的女孩，竟然被要求去探視那個因性侵她而入獄的加害者。
- **社會的沉默**：許多人明知道真相，卻選擇視而不見。

在我們經手的眾多案件中，瓦蕾麗的遭遇甚至比亞歷珊德拉・朗格（Alexandra Lange）與亞克琳娜・索瓦日（Jacqueline Sauvage）的案件更加駭人聽聞。她的身心被完全摧毀，彷彿成為丹尼爾的木偶，甚至失去了所有自我意識。

*

如今，瓦蕾麗已經獲釋，但仍受到司法監督。她即將在索恩—盧瓦爾省重罪法庭接受審判，罪名是「謀殺」。作為辯護律師，我們希望法庭能夠理解，她之所以殺了丹尼爾，是因為長達二十五年來飽受非人虐待，並深深恐懼這種暴力將會繼續加害到女兒身上，迫使她在二〇一六年三月十三日的那個夜晚，做出無情的舉動。

為了保護孩子，為了活下去，瓦蕾麗別無選擇。精神科司法專家在對她進行鑑定後，也證實她患有「受暴婦女症候群」。

這本書，是她的聲音，是她的真相。我們不希望這個社會再度閉上眼睛，不希望再有任何女性為了活命，被迫殺人。

——雅寧．博納喬塔（Janine Bonaggiunta）

與娜塔莉．托馬西尼（Nathalie Tomasini），巴科的辯護律師

序幕
暴雨將至

這是個平凡的夜晚。外面天色已暗，我們剛吃完晚餐，孩子們收拾完餐具後回到各自的房間，沒有發出一點聲音。我們都知道，他冰冷、凝滯的目光所代表的意思。他還沒開始大聲咆哮，我們就已經感覺到暴風將至，久而久之，便習慣用餘光偷偷觀察一切徵兆。我們對他的一舉一動保持警覺，以便預先做出反應，看著那股怒氣在沉默中醞釀。廚房裡充滿了緊張的氣氛。總會爆發的，但會是何時呢？我拿起海綿，試圖專心洗剩下的碗盤。那堆骯髒的刀叉、佈滿油垢的盤子，感覺胸口的焦慮越來越強烈。突然，他開始咆哮。我背對著他，眼睛死死盯著水槽。他聲嘶力竭地咒罵我，這些話語不需要回應。我的腦袋一片空白。

幾分鐘後，他終於離開，我聽到他沉重的腳步聲穿過走廊，走向我們的臥室。衣櫃開門的聲音傳來。我豎起耳朵聽，感覺到即將到來的危險。沒過多久，他回來了，站在我僵硬的背後，靜止不動。他突然一把抓住我的肩膀，把我轉向他。我沒說一句話，也沒發出任何聲音。這是一場在沉睡的房子裡跳的無聲華爾滋，只為了不驚動孩子們。

冷冽的槍口對準了我的額頭。

他扣下扳機，眼中充滿了狂熱。喀嚓。

槍沒有上膛。我感覺太陽穴嗡嗡作響，臉上混著淚水與汗水，濕漉漉一片，我的身體因極度恐懼而無法動彈。他卻像個惡作劇成功的孩子，得意地笑了。

「怕了吧？放心，下次就會送妳一顆子彈，再送每個孩子一人一顆！」

他緊緊抓住我的後頸，拇指和食指像鉗子一樣夾住，將我拉向他。他的鼻翼在顫動，看著我，像想從我臉上讀出什麼。我覺得他能看透我的皮膚，看穿我的心。我知道他在找什麼。只有一樣東西，能讓他平靜下來——他在享用我的恐懼。

丹尼爾喜歡武器，家裡就有好幾樣。大多數時候，武器都靜靜躺在櫃子裡。他會看心情選要帶哪樣出門，步槍、點二二口徑手槍、牛鞭、手指虎：從我有記憶以來，他就總帶著武器。有了武器，他的肩膀會挺得更直，走路也更加自信。

我還小的時候，他經常帶我和弟弟去森林。我那時大約十二歲，傑羅姆則還不到六歲。是他教我們射擊的，他會在樹幹上裝標靶，或者在灌木叢中掛上氣球。我們討厭手槍，因為爆炸聲會讓耳朵嗡嗡作響。每次開槍的後座力，還會讓槍托撞到額頭，所以我們更喜歡氣槍。有時候，媽媽也會陪我們一起去開幾槍。

我記得那是一個初秋的日子，樹葉變黃，逐漸掉落。那輛雷諾二五停在小路邊，我們全家一起出遊。

後來，他用這把手槍，在這片森林裡教會了我們四個孩子射擊。

但有一天，在另一片森林裡，為了不讓他殺了我們，我用這把手槍殺了他。

第1章 沉默就是規則

有什麼東西把我吵醒，是頭頂上方傳來的陌生聲響。我屏住呼吸，仔細聆聽。那是一陣快速又令人不安的摩擦聲，像是有東西在木地板上刮動。聲音是從媽媽房間來的，我打開床頭燈，從漆面的木製單人床上坐起來。

我環顧四周，檢查房間裡的一切。

房裡有我一九八〇年十一月十六日出生那天，曾祖父送給我的棕色泰迪熊，它有淺色的鼻子和爪子。還有草綠色的地毯、我的小書桌，以及幾天前我十二歲生日時收到的海豚擺飾。房間裡的一切如常。但那個聲音還沒停，而且越來越大。

我站起身，穿著薄薄的睡衣，冷得發抖，慢慢走上昏暗的樓梯。

「媽媽？」

我站在房門口，整個人僵住了。媽媽正躺在床上，有個我從未見過的男人壓在她身上。在天花板的燈光下，他全身赤裸。

媽媽看到我了！我從她臉上既驚訝又惱怒的表情，知道自己不該待在這裡。我立刻轉身跑下樓衝回房間，跳上床拉起被子把自己整個裹住。聲音停止了，一切都安靜下來。在恢復的寧靜中，我只能聽見自己快速的心跳聲。他們剛才在做什麼？我帶著這個疑問再度入睡，然而電燈再次亮起，媽媽衝進我的房間。她的頭髮凌亂，怒不可遏地揮舞著雙手，睡衣也跟著飄動。

「妳以為妳是誰？沒人教妳進別人房間之前要先敲門嗎？」

我假裝睡著了。媽媽繼續說了一會兒，然後離開房間。我不敢再動一下，是我的錯，讓她生氣了。

在拉克萊耶特村（La Clayette），全村的人都認識我媽媽，喬埃爾。她是一個非常愛打扮、個子小、有點豐滿的女人，在中央街上經營一家縫紉用品兼帽子店，專賣她父母工廠製作的鴨舌帽。

這家店保留著最初的傳統風格，我外公外婆創立的工坊就在這棟建築的二樓，恰好在店鋪上方。我經常在那看見兩名裁縫女工（賈桂琳和克勞黛特）剪裁布料，然後交給其他女工帶回家縫製。我會仔細觀察量測頭圍的模具，以及浸入一種大鍋裡的種種過程。外公總是穿梭於各個房間，尋找他藏在耳朵後面的鉛筆。我非常喜歡這個工坊，安靜又專注的氣氛讓我覺得很安心。

但在家裡，情況就複雜多了。大家都知道我媽媽會喝酒，還會吃藥。我知道她甚至有藏酒在縫紉店裡，不過我從來沒找到過。晚上，她經常很晚才回家，神情焦躁不安，身上總帶著一股刺鼻的薄荷味。

「我要叫鞭子老爹[1]來了！」她覺得我不乖的時候常常這樣喊。她會消失一會兒，然後披著床單回來，手上拿著皮鞭。被她打過之後，我的屁股都是瘀青，好幾天都沒辦法坐下來。

媽媽從來不是個溫柔的人。某天晚上，她手拿一把菜刀，追我繞著廚房的桌子跑。她紅紅的眼睛渾濁不清，身上散發濃濃的酒味。她只打我，從來不動我的哥哥和弟弟，克里斯多夫和傑羅姆。為什麼？我不知道。因為我是女生嗎？還是因為她根本不想要我？也許有些問題根本沒有答案。

克里斯多夫比我大三歲，是媽媽和外婆的心頭肉。他性格暴躁、不受控，甚至有些暴力，經常對門牆拳打腳踢，但沒人會說他半句。

這年，我爸媽離婚後，克里斯多夫搬走了，住到爸爸那裡。爸爸住在距

1 譯注：Père Fouettard是陪伴聖尼古拉斯的人物，相傳會在聖尼古拉斯日（十二月六日）處罰頑皮的孩子。

離我們家約十公里的肖法耶小鎮（Chauffailles）。我們家這棟布里奧奈（Brionnais）風格的黃褐色石灰岩老屋裡，只剩下媽媽、六歲的弟弟傑羅姆和我。我剛滿十二歲，非常疼愛傑羅姆，會照顧他，幫他做飯，還會陪他一起疊樂高積木。媽媽整天忙著店裡的事，很少在家，我們只能自己想辦法。

店裡打烊後，她會去找一些男人。她會特意打扮自己：穿上蘇格蘭格紋裙，塗上鮮紅的口紅和指甲油，挑染一頭金髮，然後戴上項鍊、戒指和耳環。我知道她在那種時候是開心的，我們有時會撞見她和那些男人在一起。我和克里斯多夫都看過陌生男人出現在媽媽房間裡。有次我放學回家，發現她和一個陌生人在縫紉店的工作檯上，兩人正忙得不可開交。我輕輕地轉身想溜走，但她很快追上了我。她跑進隔壁的商店，不久後拿著一個音樂盒走出來。

「拿去，交換妳不說出去。」她給我音樂盒時這麼說。

媽媽和我爸爸羅傑結過兩次婚。第一次離婚是在我出生幾年後，我當然不記得。

我對爸爸的記憶很少。他偶爾會回家，但次數不多。通常他在家時，幾乎都在睡覺。他是旅遊巴士司機，經常一離開就是十到十五天，每次回來總會帶一些小禮物，但看起來都很疲憊。有時他只回家過一夜，隔天一大早又離開了。我們只能從樓梯間殘留的襪子味，以及隨地留下的髒衣服，猜他回來過。

即使在全家福照裡，他也是一副坐在椅子上睡著的模樣，而我們就站在旁邊！我想他從來沒有真正關心過我們。到了父親節，我和傑羅姆會把在學校親手畫的卡片送給他。他會說聲謝謝，然後把卡片隨手丟進後車廂。兩星期後，我們在同一個地方看見那些卡片，根本沒被動過——爸爸早就忘了卡片這回事……。

來到一九九二年，我爸媽的第二次離婚正式生效。

按照約定，爸爸每兩個週末會來接我們一次。每當他來的時候，我們就像見到陌生人一樣打招呼，像是在跟鄰居說早安。他住得離他爸媽家不遠，是在肖法耶小鎮地勢較高處的一棟房子。其實每次輪到他照顧我們，他都會把我們送到爺爺奶奶家過週末。我的奶奶艾莉絲·巴科，負責在星期六日照顧我們。她是個溫柔又堅韌的女人，對我爺爺言聽計從，但爺爺不是個好相處的人：性格還算溫和，卻沉默寡言又非常固執，堅持生活習慣一點都不能改變。家族裡，只有奶奶會對我們流露出一些溫情。在她家的時候，我們會在客廳桌子上寫作業，看電視，吃牛排和義大利麵。冬天她會幫我們搓背、哄我們入睡，還會準備熱水袋給我們抱在肚子上取暖。幾年前，我媽媽因為精神狀況不佳住院治療時，我們三個小孩就是被安置在奶奶家的。

我常覺得媽媽是不是生病了？但爸爸總對這些事情視若無睹，即使媽媽整天對他又罵又吼，他從不反駁，更不提起。而媽媽的父母，也選擇對她的問題視而不見。

我們從不談這件事。我猜，這就是所謂的「正常」吧。就是這樣，沒什麼好說的。

日子一久我們也習慣了。沒有人問為什麼，永遠不質疑。在我們家，沉默是唯一的規則。

*

這是我念小學的最後一年。我比班上大多數女生都矮，也瘦得多，眼鏡框著藍綠色的眼睛。我有一頭淺色長髮，每天早上都和幾個鄰居的女孩一起走路上學，她們也讀同一所學校。那條路又陡又長，每次走起來都覺得永遠走不完。我們回家路上開始爬坡時，男生就會拿栗子丟我們。

我雖然很努力，但成績一直不算好，不但講話會結巴，閱讀和理解也有困難，所以小學一年級時留過級。老師說我很認真，也非常守規矩，但有點太內向了。

放學後，我不一定會直接回家。大多會到媽媽的店裡，幫忙布置櫥窗或盤點庫存，數那些針線和清點一顆顆鈕釦，既漫長又無聊。不過今天我在回去的路上，故意放慢了腳步：因為昨晚我沒敲門就闖進她房間，她很可能會懲罰我。

夜色降臨，我走進那家熟悉得不能再熟悉的縫紉店。左邊擺放著紙型和繡線、刺繡材料，右邊則是帽子、手套，還有一頂我奶奶在樓上的小工作間製作的男士工作帽。店鋪最裡面有一台大暖氣，我喜歡坐在上面。暖氣上方裝有對講機，可以和樓上通話。媽媽正在後面的房間裡，忙著裁縫和修補的工作。

我還沒看到她，但已經聽到她的聲音。我心想，等一下我會面對一個什麼樣的媽媽？冷漠又尖酸？還是在生氣？我像貓一樣輕步走過木地板。結果，等著我的卻完全相反：媽媽看起來容光煥發，整個人散發著光彩。她正翻找著布料，嘴角帶著一抹淡淡的笑容，眼鏡滑到鼻梁上。她一邊哼著歌，一邊忙著手上的工作，眼皮上塗著厚厚的眼影。

「還記得妳昨晚看到的那個人嗎？妳得學著認識他，他是我的朋友。」她說著，卻沒有看我，完全專注在手上的事。

「好的。」我回應道。

媽媽在櫥窗旁邊來回走動，神情有些心不在焉，時不時朝街上張望。突然，他出現了，從停在店門口的一輛灰色雷諾二五上出來，身邊有隻白狗緊跟著他的腳步。他看起來大約四十出頭，比我媽媽高出一個頭，棕色頭髮剪得很短，後腦勺已經有點禿了。眼睛是綠色的，有種居高臨下的氣勢。鼻子有點歪，像是斷過卻沒好好復原。

他沒有自我介紹。

「上車吧。」媽媽用下巴指了指那輛車。

她對他微微一笑，我們出發了，留下她獨自站在店門口的台階上。他坐上駕駛座時，我看到他的夾克袖子捲起來的地方露出一些刺青。我有點不自在又尷尬，所以什麼也沒說，只是看著村莊的景色從車窗外快速掠過。他也不說話。沒開很遠，就到了幾條街外他媽媽伊薇特的家。她為我準備了點心。他過了一會兒就送我回家，然後再開車離開，我聽見車輪在碎石路上發出的刺耳聲音。

他叫丹尼爾，大家都叫他丹尼。他在附近開大卡車，之後要搬來我們家一起住。媽媽宣布這個消息時看起來非常高興，叫我跟弟弟幫忙搬家，不過丹尼爾的東西放在村裡的一間公寓裡，要爬一段很陡的樓梯才能進去。房間裡很冷，牆上貼滿了裸女的海報，那些女人雙腿張開，胸部裸露。穿過房間時，我趕緊遮住弟弟傑羅姆的眼睛。

我們在閣樓發現一堆滿是灰塵的老收音機。搬東西時要保持安靜，因為丹尼爾非常討厭噪音。有次，傑羅姆不小心讓一顆金屬球從樓梯滾下去，每滾一階都發出刺耳的聲響，我們立刻衝到街上撿回來，就怕被他罵。

以前我們的花園像一片叢林，而現在，丹尼爾會負責打理花園。他會一些泥作，能幫忙翻新牆壁。做這些事的時候，我們也得幫忙。他雖然經常很強勢，但我們其實很高興能跟他一起做事，因為我們終於體驗到其他小孩跟父母一起做的那些小事。我們的親生爸爸呢？根本沒人知道他在哪裡。「去做功課、快吃飯，沒吃完不能離開餐桌」。總之，這些就是家裡有爸爸的感覺啊！

丹尼爾對我們很嚴格，我們不敢忤逆，否則他就會大吼大叫。他說什麼就得照做，不能抱怨：不准聽阿拉伯人的音樂，不准在房間裡貼海報，也不准在餐桌上看書。他說，他後腦勺那塊沒頭髮的地方其實是一隻眼睛，能隨時看到我和弟弟的一舉一動，所以即使背對我們，甚至不在家的時候，也能看見我們在做什麼。

他和媽媽一起住的房間裡有台「對講機」，就是卡車司機常用的無線電發射器，而接收器則裝在家裡的玄關。丹尼爾的聲音經常突然響起，讓我們不敢隨便亂想亂說。我們不敢吭聲，因為他都聽得到，也看得到。

丹尼爾很嚴厲，脾氣讓人摸不透——但有時也很溫柔。他經常在媽媽面前替我們說話，不惜提高音量跟她爭執。他出現之前，沒人幫過我做功課，也沒人教過我怎麼修東西或照顧植物。他對我比對傑羅姆要溫柔得多，態度也更和善。他常抱我、親我，還常叫我坐在他膝上。我沒多想，照做了。這不就是所有父母都會對孩子做的事嗎？

我們就是個普通的家庭，有媽媽、丹尼爾、傑羅姆和我。

第2章 都是因為我

放學後，如果不用去店裡幫忙，我就會慢慢走回家。這是我的儀式：先把書包放下，然後直接去廚房吃點心。麥片加牛奶，或是一塊奶油小麵包配巧克力。這是屬於自己的時光，但不能吃太多，不然晚餐就會沒胃口，而且可能會被媽媽或丹尼爾罵。吃完後，我會用海綿把碎屑擦乾淨，洗好湯匙和碗，接著走向在一樓我房間旁邊的浴室。媽媽通常晚上八點左右會回家，那時候我和傑羅姆必須洗好澡、換上睡衣，作業也都要完成。

我聽到丹尼爾在樓上走動，而弟弟正在他的房裡玩。

丹尼爾最不能接受的事，就是我把浴室的門鎖上。他說怕我滑倒、摔傷，所以把浴缸的浴簾拆了，還會在我洗澡時，進來看看我有沒有「出什麼事」。洗完後，他還堅持要幫我擦乳液，說要擦得均勻，手臂每個地方都要塗。丹尼爾堅持要親自來做，因為他做得比我好。我沒有反抗，但其實不太喜歡。

今天是星期六，家裡很安靜，媽媽還沒從商店回來。我剛洗完頭，一邊用毛巾擦乾，一邊看著洗手台鏡子裡的自己。丹尼爾默默走進浴室，我在鏡子裡看到他陰沉的眼神。他走近，掀起圍在我腰間的毛巾。然後，他深吸一口氣，把手指插進我的身體裡。

一陣我從未經歷過的陌生疼痛穿過小腹。發生了什麼事？我整個人都呆住了，臉色蒼白得嚇人。丹尼爾則已經離開了。血沿著我瘦弱的腿流下來。我用非常熱的水再洗了一次澡，穿上內褲和睡衣。晚上吃飯時，我們沒有提起這件事。一切都像往常一樣，所以我也試著裝作若無其事。丹尼爾微笑著，遞給我一大塊雞胸肉。

從此以後，下午茶點心都是由丹尼爾為我準備的。有一天晚上，我從浴室出來，聽到他低沉的聲音在樓梯間迴盪：「上來！」

他在媽媽的房間裡，站在窗戶旁邊，手裡拿著一管藥膏。

「把衣服脫掉，我要幫妳擦藥。」

我像往常被教導的那樣：我服從了。他讓我平躺在床上。他的手冰冷而粗糙。

我很快感覺到不對勁。他開始摩擦我，緊緊壓在我的臀部上。我試圖起身離開，但他抓住我的手腕，牢牢地按在我的頭頂，並狠狠地吻了我。我驚恐地掙扎著，無法呼吸。

「別擔心，這很正常，一切都沒事。別怕……」

我聽到拉鍊拉開的聲音，他沉重的身體壓得我動彈不得。「我會死嗎？」他揉捏著我，用力搖晃我的身體。

我很害怕，很痛，所以一直在哭。

之後他穿好衣服，頭也不回地離開了。我獨自留在媽媽的房間裡，躺在凌亂的床單上。時間一分一秒過去，我試圖讓自己冷靜下來。最後，我也走出了房間。

*

幾個月過去了。現在幾乎每天晚上都是這樣。每次放學回家後，我總是緊張到胃絞痛地吞下他為我準備的點心。他會命令我上樓，然後是那張凌亂不堪的床單。

有一天，我試圖反抗，飛快地跑到客廳躲起來。他追上我，憤怒得發狂，把我按在地毯上，我的手肘、背、臀部和腳跟都擦傷了。我的皮膚紅腫，全身是傷，但媽媽似乎什麼都沒注意到。

另一個星期六，我和傑羅姆在客廳玩。丹尼爾突然出現，把我弟弟趕到花園裡。他轉向我說：「妳上來。」

我拒絕了，試圖出去找傑羅姆。丹尼爾抓住我的手臂，大聲吼叫拖著我上樓梯。我頭不停撞到樓梯，全身都是瘀青。

後來我明白了，反抗沒什麼用。不如乖乖聽話，事情會更快結束。

我六年級又留級了。

這天媽媽一直坐在等候室外，面無表情，雙腿交叉。門雖然關著，我卻能感覺她在我身後。路上她什麼也沒說，只是告訴我，今天不去學校了。

「發生了什麼事？」

「他對妳做了什麼？」

問題一個接著一個，有些我根本聽不懂。在我面前，有兩名警察坐在堆滿文件的桌子後面的一男一女。他們重新提出問題，換了措辭，問得更具體。我低下頭輕聲回答：「丹尼爾對我和傑羅姆都很好，我很高興他和我們住在一起，一切都很好。」媽媽就在隔壁，我怕她聽見。

我們離開警局，去了醫生那裡。這不是我們平常看的醫生，而是另一位更冷漠的醫生。他要我脫掉衣服，坐在屏風後的奇怪椅子上。我把腳放在兩個小金屬環裡，而他開始用一個冰冷堅硬的器具在我雙腿之間檢查。

一九九五年一月十三日，星期五，日曆上這樣寫著：「這不是最近的事了。妳的女兒很久以前就失去了她的童貞。」

我穿上襪子，聽著醫生和媽媽在牆後面說話。她沒有回應。他繼續說著，就好像我不在場一樣。

我聽到了「插入」、「強姦」、「撕裂傷」、「性行為」、「處女膜」這些詞。有些詞我在學校的生物課上聽過，因為那時正在學鳥類的繁殖。我突然明白了，彷彿突然看清了事情的真相。原來，這就是他對我做的事……

這一次，我別無選擇，回答了警察的問題，說出了一切。放學後的點心、淋浴、他的命令、媽媽的房間。我講得很細，連地毯和擦傷都說了。我把一切都記錄在我的日記裡，一本用一個銀色的鎖鎖著的厚筆記本。我把日記本藏在床底下，最裡面靠牆那一側。一名警察幫我拍了正面和側面的照片。我因為哭泣而眼睛浮腫，鼻子紅紅的，整個人累壞了。

我和媽媽回到家時，天已經黑了。浴室裡的燈還亮著，那個橙色的正方形在昏暗的外牆上格外顯眼。我的目光無法從那裡移開，一陣焦慮襲來，令人窒息。其實這沒什麼，只是有人忘了關燈，沒有危險。我覺得自己因為驚慌而感到愚蠢。

終於回到我的房間了！我確保門已經關好，便把整個手臂伸到床底下摸索，直到抓到我的日記本，上面的鎖被撬開了。那些我寫滿字的所有頁面，都被媽媽撕掉了。

第二天早上，我們回到警局。媽媽準備了一個大袋子，裡面裝著丹尼爾的乾淨衣物。他要入獄了，昨天警察來家裡抓人，發現他躲在閣樓裡。

媽媽問他走之前，能不能再見他一面。我們在外頭的寒風中等，直到警察帶他出來爬上一輛藍色廂型車。他經過我身旁時，給了我一個陰沉的眼神，什麼也沒說。我低頭看著我的腳，腳趾已經凍僵了。

車子很快轉過街角，消失了。我們回家後整個晚上，媽媽邊哭邊喝掉了一整瓶梨子白蘭地，因為丹尼爾不在了。她哭著說都是我的錯，如果我不說出來，事情就不會變成這樣。我又一次把一切都搞砸了。

*

現在，放學後我不再被迫上樓了。我的胸口彷彿卸下了一塊大石頭。但媽媽卻越來越沮喪，每天晚上都在喝酒和哭泣。我負責照顧傑羅姆、打掃、燙衣服、做飯，而她則沉浸在紅酒和威士忌裡。

她喝醉時，會跟我們談起「妹妹」，那是她發誓有一天要為丹尼爾生的孩子。她眼神空洞，不停地重複：「我會為他生個女兒，我絕對會。」

廚房裡，空瓶越堆越多。

這一切都是我的錯。

媽媽現在唯一期待的，就是星期天。那天她會帶我去瓦倫勒格朗（Varennes-le-Grand）監獄探望丹尼爾。每次探監她都會精心打扮，穿上裙子、打理髮型，看起來很開心。她縫了一個小布包綁在大腿上，裡面藏著一小瓶蘭姆酒，等見到丹尼爾，她都會親他一下，然後偷偷把酒塞給他。

我順從地跟著，像個愚蠢而聽話的孩子，為我的過錯贖罪。丹尼爾會在監獄裡，「都是我的錯」。媽媽會喝成這樣，也「都是我的錯」。

每次我們三人在探監室裡相聚時，彷彿什麼都沒發生過。丹尼爾問我成績好不好，有沒有認真做作業。一切看起來都很正常，我則儘量少談論關於自己的事。

我沒有告訴他，他被捕後不久，學校剛好在上性教育課。我們班上有個叫亞尼克的同學，是丹尼爾和前妻所生的兒子。當老師問我們有沒有聽說過「性行為」這個詞時，亞尼克轉過來嘲笑我：「你們可以問瓦蕾麗，她最懂性行為了！」

全班都笑了。我真想消失，徹底抹去自己的存在。

丹尼爾被捕的事情，從來沒有人跟我談過。無論是我的爸爸、媽媽，還是其他親戚，老師，還是學校裡的任何學生，其實每個人都知道，但沒有人說出來。

一九九六年四月，在羈押一年多之後，丹尼爾被正式判刑。馬孔（Mâcon）刑事法庭判他四年徒刑，罪名是性侵未滿十五歲的未成年人。

判決後，我親生爸爸拒絕簽署探監所需的家長同意書。我不再被允許去探監，而我並無怨言。當媽媽和弟弟傑羅姆去見丹尼爾時，我就在監獄入口一間像是等候室的房間裡，寫我的作業。

因為我不再去探監，丹尼爾打電話到家裡找我。

「妳好嗎？這週有什麼有趣的事嗎？」

我們簡單地聊了幾句平淡無奇的話，像是「不，晚上不太冷。是的，我對媽媽很好，一切都很好。」說完就掛斷了。

週末我不再去找爸爸了。我寧願照顧媽媽和打理家務。我的生活就是這樣，沒有朋友，沒有同伴。我們的生活太不一樣了，無法理解彼此。

丹尼爾會從牢裡寄長長的信給我。寫他在監獄裡的生活，還在信紙上畫了一些小人。我草草翻閱這些信，從來沒有回。媽媽知道後很生氣，遞來幾張紙和筆，我隨便寫了幾行。

為了讓她高興，我簽上：「爸爸我愛你，瓦蕾麗。」

不過沒關係，傑羅姆和我打算逃跑，遠離這個家，離開丹尼爾和媽媽。

這念頭天天纏著我：我必須保護弟弟。我們週末背的那個大背包，我已經偷偷裝好了，有餅乾、手電筒、還有我偷拿的弟弟衣服，和幾件自己的。

我把包包藏在床底下，這樣隨時都能走。

問題是，我不知道該去哪？不能去外婆約瑟特家，她會告訴媽媽，把我們帶回去。也不能去飯店，我們兩個都還未成年，又沒有錢。

該向誰求助？該找誰幫忙？我感到孤單、迷茫、被遺棄。

只要有機會，我們一定會離開。我每晚都夢想著這件事，白天也是。但幾週、幾個月過去了，我們始終沒有離開。

第3章
別試圖理解

一九九七年十月的一個清晨，丹尼爾回家了。

媽媽前一天就告訴我，她要去監獄門口接他。她穿上最漂亮的衣服，妝化得很濃，手上戴滿閃閃發亮的戒指。

我十六快滿十七歲了，那天準備去拉克萊耶特村小學的餐廳實習。我負責準備餐點、照顧孩子、打掃。那裡熱鬧又有活力，雖然吵鬧，卻充滿溫暖。我很喜歡這樣的氣氛。

當我披著喬丹夾克準備出門時，看到家裡的車停進了院子。丹尼爾下車，伸了個懶腰，對我微笑。我竟然有一點高興，雖然不是完全放心，但至少鬆了一口氣。現在他回來了，媽媽或許能振作起來，讓我和傑羅姆的生活安寧一些，也許還能戒酒。我騎上摩托車，在寬大的毛衣裡打了個冷顫，緩緩駛離。

生活又回到了從前的樣子。丹尼爾住回家裡後，開始修繕房子，換掉我房間那片草綠色的地毯，重新布置家具。他監督我的功課，也照料院子裡的花草。他的愛狗白白在他服刑期間得癌症去世了，獸醫曾為牠動過手術，但還是沒能救回來。他聽到消息時痛哭流涕，還請其中一個姐姐的木匠鄰居，為白白製作一口襯墊棺材。媽媽把白白埋在庭院的花圃下，而他經常去悼念，也細心打理那片地方。

一切看起來都那麼正常，幾乎讓人以為他從未離開過。然而，他消失了整整三十三個月，差不多三年，沒有人覺得他回來住有什麼不對。

我爸爸並不覺得奇怪，儘管當初他拒絕簽字，讓我無法去監獄探視丹尼爾。祖父母也不覺得奇怪，其他家人亦然。甚至連鄰居都沒有多說什麼，仍像往常一樣向他打招呼。

時光流逝。他就在我身邊，當我吹熄十七歲生日蛋糕上的蠟燭時，彷彿什麼都沒變。媽媽不再哭泣，酒也少喝了一些。

沒過多久，某天晚上，他沒敲門就走進我的房間，然後轉身上鎖。他的眼神讓我瞬間明白一切。

這次，我是真的完了。

一切又回到了從前，連這件事也不例外。他變得比入獄前更加殘暴、更加兇狠，也更加讓人害怕。我試圖反抗，他卻用手臂牢牢壓制住我，讓一切變得更加痛苦。所以我選擇放棄掙扎，只希望這能快點結束，希望自己能少受一點苦。我感覺自己空蕩蕩的，彷彿已經死去，意識飄得很遠，遠離這個身體，在某個無法觸及的地方漂浮。直到他結束並離開，我才回到自己的軀殼裡。

*

我在車庫裡，正翻找著某個工具。丹尼爾站在稍遠的地方，隔著車子與我相對。他繞到車的另一側，默不作聲地朝我走來，背靠著粗糙的牆壁，直勾勾地盯著我。然後他解開褲子，一把抓住我的頭髮，強行把我的臉壓向他的下身。動作太突然，我根本來不及反應。他的身體壓迫著我的嘴唇，我頓時一陣噁心。一個記憶猛然湧上心頭，在我緊閉的眼皮下閃過，如閃電刺入腦海。

我看見自己還是個年幼的女孩，身處另一間車庫，是外公外婆家的車庫。那是個夏日，空氣悶熱，我的皮膚微微滲出汗珠。我跟在哥哥克里斯多夫身後，沿著樓梯走向外婆的冷凍櫃，裡面裝滿了冰淇淋和雪酪。克里斯多夫打開冷凍櫃，猶豫了一下，然後選出兩支金黃色的甜筒。他把甜筒放在稍遠的地上，隨手關上冷凍櫃潔白的門，接著猛地將我壓在門上。然後，他把短褲拉至膝蓋，將自己的生殖器塞進我的嘴裡。

「如果妳敢說出去，我發誓會打死妳！」

我動彈不得，甚至無法理解眼前發生的一切。他大約十歲，我那時還不到六歲。過了一會兒，他退開，撿起掉在地上的冰淇淋，遞給我。我們什麼也沒說，慢慢一步步爬上地下室的樓梯，回到陽光之下。

這些畫面我早已遺忘。而如今回憶突然猛烈地刺進我的視線，因為多年後，這個場景竟再次上演，只是換了另一種形式。我一直害怕克里斯多夫，卻說不上為什麼。現在，一些破碎的記憶如閃光般湧現，一次又一次，不斷襲來。這一切，我曾刻意遺忘。我的大腦努力將記憶抹去，蓋上黑暗的布幕。克里斯多夫後來有沒有再做過同樣的事？我也許寧願不記得……。

幾年後，他離開了家。先是搬去和爸爸同住，後來又搬進外婆家專門為他整理好的小套房。現在我幾乎不會再見到他，只有在極少數的家庭聚會上才會碰面。我們之間的關係，幾乎可以說已經不存在了。

我如今也必須帶著這段記憶活下去。每當回想起來，我的眼淚就忍不住湧出。我能向誰傾訴？沒過多久，我把一切都告訴了丹尼爾，但我請他答應，永遠不要對媽媽提起這件事。然而，他當天便急不可耐地把一切告訴了她。他們站在家裡中央的走廊，而我則在對面的露台上。夏日正午，門敞開著，陽光灑滿整個空間。

「我早就懷疑了。」媽媽語氣平淡地說：「有一天我在閣樓裡發現了保險套。他們當時還是孩子，這沒什麼大不了的。只要發生在家裡，就沒必要大驚小怪……」

我聽著他們的對話，卻不知道該如何理解這一切。什麼才算正常？什麼又不正常？為什麼這些記憶總是不斷襲來，怎麼也無法消散？

丹尼爾回家後，只讓媽媽平靜了一段時間。她在臀部刺了一顆小小的愛心，上面刻著他名字的縮寫。他也做了同樣的刺青，刻上她的縮寫。那一天，他們看起來非常幸福。但這種幸福並沒有持續太久，媽媽便開始吼叫，也開始酗酒，在我們眼前一點一點沉淪。

某個星期一早晨，丹尼爾去上班，傑羅姆待在房間裡，媽媽正在準備冬天要存放的罐裝蔬菜。當她來到客廳找我時，我發現她看起來很疲憊。

「我要去睡一會兒。如果幾個小時後我還沒醒來，請幫我叫消防隊。」

時間一點點過去，我準備好午餐，走進她的房間叫她起床。但無論我怎麼喊，她的眼睛都沒有睜開。床頭櫃上堆滿了藥片，五顏六色的小藥丸散落一地。我驚慌失措，立刻打電話給外婆。外婆很快帶著外公一起趕來，外公則馬上打給消防隊。沒多久，救護人員便抬走了毫無意識的媽媽。車庫裡，早上她還在準備的豆子罐頭炸得到處都是。媽媽忘了關火，整座房子差點就被燒了。

當晚，丹尼爾下班回來後告訴我們：「喬埃爾會住院一陣子。」

傑羅姆和我不想去醫院看她，但我們別無選擇。媽媽剛洗完胃，手臂上插著好幾根塑膠管臉色蒼白地躺在病床上，頭髮凌亂地靠著枕頭，顯得格外突兀。她看到我們帶來的花，露出了微笑。

「不要擔心，我沒事。我再也不會這麼做了，絕對不會！」

幾天後她回到家，誰也沒再提起這件事。她為什麼要這麼做？我毫無頭緒。在我們家，事情從來沒有邏輯可言，一切都被掩蓋，無人提及。就像那一次，傑羅姆和我從爸爸家過完週末回來，看到媽媽眼睛一片瘀青。發生了什麼事？丹尼爾是發現她在他服刑時，與他最好的朋友有過關係嗎？還是另有原因？我們永遠不會知道答案。

久而久之，我也習慣了不去理解。

*

我坐在房間的床上，聽見丹尼爾和媽媽在廚房交談。

「我才不在乎，只要她沒懷孕就好。」

我知道，他們在談論我。我有些驚訝，但又不至於太意外。丹尼爾注意到，這幾個月我的月經一直沒來。他懷疑我懷孕了嗎？可我的身體感覺不到任何變化。

一天早上，我剛醒來，媽媽遞給我一根白色看起來像體溫計的東西。

「去廁所，尿在上面，我想確認清楚。」

我害怕極了，於是悄悄把驗孕棒塞進口袋，根本沒驗，就匆匆騎上摩托車逃走。我的本能反應是去找丹尼爾，他會告訴我該怎麼辦。我躲在他工作的地方等了很久，直到看到他的卡車終於停進公司停車場。他下車後，我立刻跑過去把一切告訴他。他很冷靜，既不驚訝，也沒有絲毫情緒波動。他思考了一下，然後說：「我們回家驗。我會從廁所窗戶遞給你一杯我的尿，你就用它來驗。你媽不會發現的。」

我照著他的話去做，把自己鎖在廁所裡，媽媽正在門外等著。幾秒後，驗孕棒上顯示出一條藍線——我沒有懷孕！即便我作弊了，但我相信自己真的沒懷孕，因為這幾天我有一點出血。

但我的身體還是發生了變化，胸部開始腫脹，腹部也逐漸隆起。周圍沒有人察覺，丹尼爾買了幾件寬鬆的衣服給我。我才十七歲，即將成為母親。

我知道發生了什麼，內心卻毫無波瀾。畢竟，我別無選擇。我對一切感到麻木，只有一個恐懼緊緊抓住我：我絕不能變成我媽媽那樣，不能用她的方式來撫養我的孩子。我發誓，無論如何，都不會讓這樣的事情發生。

第4章 壞名聲

夏天即將結束，我的小弟傑羅姆去爸爸家度假待了幾個星期，但到現在還沒有回來。快開學了，卻完全沒有他的消息，讓我很擔心。今年他要升上六年級了，這個重要的階段，我希望一切都能準備妥當。

「傑羅姆什麼時候回來？」

這幾天，媽媽幾乎不跟我說話。即使跟我說話，她的目光也總是飄向別處，像是盯著我肩膀後方。

「我哪知道，自己打給妳爸。」

我拿起玄關的電話，撥下那組我早已熟記的號碼。電話響了幾聲，媽媽站在我面前，動也不動地看著我。

「喂，爸爸？」

我才剛開口，他便開始怒吼，話語混亂不清，氣得幾乎說不出話來。最後，他終於停了下來，語氣斬釘截鐵地說：「如果妳想讓妳弟弟回去找妳媽，那妳有一個星期的時間離開。否則，我就讓傑羅姆直接在這裡上學。」

隨即掛斷了電話。

我轉頭看向媽媽，她的表情滿是得意。這主意顯然是她出的，她要我在鄰居開始懷疑之前趕緊離開。大家都知道我不出門，只跟媽媽、丹尼爾和傑羅姆接觸。如果我懷孕了，村子裡的人會怎麼看？在這個小村莊裡，別人的眼光無處不在。

我努力尋找理由，卻無法理解。她曾那麼想留住丹尼爾，為什麼現在突然要我和他一起離開？或許問題在於，懷孕的是我，而不是她。如果沒有發生這件事，我想我們或許還能繼續這樣過下去。

我願意離開，但要去哪裡？又靠什麼生活？我偷偷藏在房間地毯下、衣櫃後面的那點微薄積蓄，根本不足以讓我安身立命。我的學業還沒完成，如果想拿到農業職業技能證書，我還需要再讀一整年。我一直夢想著能和孩子一起工作，成為一名特教老師。我該怎麼辦？

這一次，依舊是丹尼爾替我做決定。

「瓦蕾麗和我要一起住。」他對我媽媽肯定地說，而她卻毫無反應，連眉頭都沒皺一下。

丹尼爾在地方報的小廣告找到了他認為合適的租屋。房子位於博多蒙（Baudemont），這是一個只有六百五十名居民的小村莊，距離拉克萊耶特村不到兩公里。房子是棟又濕又冷的老農舍，被改造成三戶相連的住宅，坐落在一條名字有點詩意的死巷裡。我們要住的那一側大約有二十二坪，房東就住在樓下，但我們有獨立的出入口。房東跟丹尼爾說他大多不在家，算是打消了他最後一點顧慮。

我開始準備人生中的第一次搬家。媽媽幫我打包行李，心情好得不得了。她看起來很開朗，甚至還會開玩笑，我很少見到她這個樣子。她幫我整理了一些物品，接著就在院子中央擺上躺椅，穿著泳衣曬太陽，神態悠閒自在，彷彿所有的煩惱都在一瞬間消散了。房子的混亂被掩蓋過去，而丹尼爾就在附近。她甚至還親手縫了一對枕頭，塞了幾根薰衣草，讓它們聞起來香香的。幾天後，一九九八年八月三十一日，我們出發。我藏在房間地毯下的積蓄神秘地消失了。我向監護法官提出了解除監護的申請，這是為了不再受媽媽的控制。而弟弟，則回到了家裡。

我們搬進新家後，我收到的第一封信來自馬孔的法院。信中通知我即將與少年法庭法官會面，審查我的現況，特別是懷孕和搬家的問題。到了約定的日子，丹尼爾帶我去法院，他竟然獲准參加這場面談。媽媽也來了，她特別打扮過，語氣甜膩得讓人不寒而慄。我坐在中央，一邊是媽媽，一邊是丹尼爾。法官是個身材肥胖的男人，坐在木製辦公桌後，不斷嘆氣，額頭上滲出層層細密的汗珠。

首先開口的是我媽媽。

「我女兒離開家時威脅了我，還用刀架在我的脖子上。」她面不改色地對法官說道。

「什麼？妳在胡說什麼？妳瘋了嗎？」我驚訝到跳了起來。我一向冷靜，但這次無法控制情緒，忍不住大聲叫喊。法官立刻提高音量喝斥我：「如果妳再不冷靜，就會被控藐視法庭。」他訓斥完後，轉向丹尼爾，語氣毫不掩飾地帶著輕蔑：「至於你，先生，只是個骯髒的皮條客。立刻給我滾出去！」

我們匆匆走出法庭。到外面後，媽媽突然又變回原來的樣子，變得語氣溫和，開始關心起我的身體和懷孕的狀況，甚至提議我們三人一起坐在露天咖啡座喝杯咖啡再走。我當然拒絕了，內心既受傷又震驚，對她滿口謊言感到無比憤怒。我發誓，她這輩子都別想見到我的孩子。那一天，是我最後一次見到我媽媽。

幾個月內，我胖了二十公斤，肚子圓得像個氣球。丹尼爾帶我去剪頭髮，堅持要我把頭髮剪短，染成黑色。我站在空無一物的新家客廳，他拍下了這一幕。照片上是個面無表情的少女，全身腫脹，穿著一件過大的舊黑色皮夾克和一條泛黃的長褲。

丹尼爾是個按部就班的人，非常重視日常習慣。每天早上，我一起床就得幫他準備午餐便當，還要泡好咖啡，端到飯桌給他。他吃完後，總是把雙腳翹到桌子上，放在空杯旁，然後等著我替他穿上襪子。等一切弄好，他便消失一整天，而我則趕去上課，繼續完成最後一年的課程。

幾個月後，學校行政部門通知我要去一趟，要求繳清學費。我原以為這件事早已解決，結果發現助學金其實是直接匯給了我媽媽，但她根本沒有轉交給學校。

儘管如此，我最終還是和其他同學一樣順利畢業了。或許是出於憐憫，或許只是運氣好，校長決定對我的情況睜一隻眼閉一隻眼。她大概無法想像，我有多麼感激她這個決定。

我懷孕的過程一切順利。然而，對於即將到來的生產，我卻幾乎一無所知，沒有人向我提供太多資訊。但我已經迫不及待想見到我的寶寶。我對自己承諾，一定會好好照顧他，給他全部的愛，我發誓絕不會像我媽媽一樣。她從沒真正給過我關愛，那是我童年最深的缺口。

丹尼爾這段時間對我放鬆了管控，隨著我的肚子越來越大，他幾乎不再碰我，我趁機稍微喘口氣。現在，我腦海裡只剩下即將出生的孩子。

「名字我已經選好了，就叫迪倫。」那天晚上，丹尼爾突然這麼對我說，問都沒問過我的意見。

我的兒子在一九九九年二月十九日出生，比預產期晚了整整十五天，最終在帕賴勒莫尼亞勒（Paray-le-Monial）的婦產科以剖腹產的方式來到這個世界上。

當護士把他放在我胸口時，我人生第一次真正感受到幸福。這時我剛滿十八歲三個月。

無痛分娩的副作用非常嚴重，我幾乎把胃裡的東西全吐了出來，但內心卻滿溢著喜悅。從現在開始，我不再是孤單一人。迪倫是我的寶貝，是我活下去的理由，是我的希望，是我的全部。

我一邊哭，一邊一遍又一遍地數著他的小手指，數著他小小的腳趾。我的兒子溫暖、有活力、又脆弱，他是如此需要我。

丹尼爾是在前一晚送我到醫院的。生產後，他等到第二天下班才來探望我。他最近正忙著幫附近的農民運送乾草。那一刻，他的感受是什麼？我完全無法判斷。他的臉毫無表情，沒有一絲情緒波動，就像往常一樣，冷漠而無法捉摸。

幾天後，丹尼爾、我的兒子、還有我，三個人一起回到了博多蒙。

第5章 習慣不幸

丹尼爾無法忍受我照顧迪倫，因為他受不了孩子的哭聲，也不願配合寶寶的作息。他最討厭生活的規律被打亂，開始什麼都嫌太拖，變得越來越暴躁，動不動就大吼。他嫌咖啡送得不夠快，不是太燙就是太涼，什麼都不合他的意。

有天早上在飯桌上，他因為我沒有把孩子的玩具收好，突然開始狂吼。他轉過身，賞了我一記重重的耳光。我整個人跌倒在地，震驚得說不出話來，只能呆呆地看著他。我早已習慣他歇斯底里的怒吼，甚至見過他把東西砸到牆上好幾次，但他從來沒有打過我，直到當時。

「站起來！」他用命令的語氣吼我。

我茫然地聽話，慢慢爬起來，他則轉身走向廚房，繼續像沒事一樣準備出門。我趕緊把奶嘴、安撫巾和奶瓶都藏了起來。過了一會兒，丹尼爾回來了，似乎有點不安，但語氣仍舊冷淡。

「對不起，我不是故意的。但妳也有責任，誰叫妳惹我生氣。」

我默默聽著沒有回應。是啊，一切都是我的錯。我必須更加小心，才不會讓這種事情再發生。

我必須：

先照顧他。

家裡電話一響就立刻接起來，讓他確認我在家。

不讓孩子哭鬧，免得打擾到他，就連講電話時也一樣。

低頭、服從、不准反駁。

收拾、打掃、把玩具收好。
假裝迪倫不存在。

我不能：
沒有通知他就外出。
獨自去採買。
工作。
做任何決定。
和陌生人交談。
和男人對到眼。

隨著時間過去，我學會了時刻保持警覺。慢慢地，這幾乎成了一種本能，一種第二天性。丹尼爾要我完全屬於他，按照他的要求去做，每件事都必須在他開口的瞬間完成。逛街時，是由他挑我要穿的衣服。至於頭髮，也是他做主，我必須染黑色、剪成平頭，有時讓我挑染紅色，有時則是深銅色。當他厭倦這個造型，就幫我預約理髮師，叫我把頭髮整個漂白。有時，他乾脆親自動手剪，讓我的頭髮一邊長、一邊短，我也不能有怨言。

丹尼爾從不照顧迪倫，酒還喝得越來越多。他把一瓶力加茴香酒藏在廚房櫃子和微波爐之間。有時他喝啤酒，有時換成紅酒，一陣一陣輪著喝。最初的耳光是偶爾發生的，他並不是每天都會打我，只有當他特別憤怒時才會動手。事後，他通常會向我道歉。有時，當迪倫哭個不停，他會像搖晃李子樹那樣粗暴地晃動孩子，要他閉嘴；有時，他乾脆把迪倫丟到我身上，要我立刻哄好孩子。我抱著迪倫進房間，低聲對他說：「沒事的，一切都很好，媽媽愛你，你是安全的。」我輕輕搖著他，他在我懷裡慢慢沉入夢鄉。

我的胸部又開始腫脹，逐漸豐滿起來。丹尼爾暫時還沒有察覺，這個祕密仍然只屬於我。我月經已經好幾個月沒來了。我的身體正默默改變，而這次，我更清楚發生了什麼。迪倫出生後不久，我們之間的關係又恢復了原樣。我懷上了第二個孩子，目前只有我自己知道。

當丹尼爾推我、打我時，我試著安撫自己的孩子，透過肚皮輕輕撫摸、低聲告訴他不用害怕。我努力讓自己冷靜下來，不讓自己的情緒影響到他。我必須保護我的孩子，讓他們免於這股正在蔓延、無所不在的恐懼。我很高興自己懷孕了，並準備好承擔這一切。但我忍不住想，如果兩個寶寶一起哭鬧，事情會不會變得更加困難？

二〇〇〇年三月二十八日，凱文出生後，暴力變得更加頻繁，丹尼爾出手的次數越來越多，力道也越來越重。我才十九歲，卻得獨自照顧兩個嬰兒。家裡開始變得沒那麼整潔、沒那麼井然有序。我已經盡了全力，希望能滿足所有人的需求，但這仍然不夠，對丹尼爾來說，任何事都可以是發怒的理由。

有一天，我趁著孩子午睡的空檔，趕緊掃地，把灰塵掃成一小堆，準備清理掉。當我正拿著掃把和畚箕靠近時，孩子們醒了，開始大哭。我立刻把掃把放到一旁，走進房間，抱起他們輕輕搖著，想讓他們安靜下來。他們才剛稍微安靜下來，丹尼爾就突然出現在門口，語帶威脅：「妳是故意留這些垃圾給我踩的嗎？妳一點用都沒有，連打掃都不會！妳就是個懶鬼、婊子、廢物！」

他一邊揮著掃把，一邊辱罵我。他罵了一陣後，突然停下來，將掃把直接朝我扔了過來。掃把穿過房間，重重砸在我的頭上。我被打到站不穩，卻仍然勉強沒有倒下。黏稠溫熱的血液順著額頭流下，穿過眉毛，滲進我的眼睛。我什麼也沒說，甚至沒有抬手去擦。在我身旁，迪倫和凱文在嬰兒床裡放聲大哭。

丹尼爾轉身離去後，我試著安撫孩子，然後像個機器人一樣走向浴室。我的太陽穴裂了好幾公分，鮮血不斷湧出。但我絕對不可能去醫院，只能用水沖洗傷口儘量消毒，最後用幾條膠帶把傷口貼住。很克難，但勉強能撐住。我獨自處理傷口，沒有哭泣。我已經感受不到任何情緒，幾乎什麼都不在乎，早就習慣了這種不幸。

我現在只專注一件事：照顧孩子，因為他們如此需要我。我心中、腦海裡都只有他們。我的生命屬於他們，我們之間的羈絆、他們快樂的笑聲，就是我存在的全部意義。為了不讓丹尼爾傷害他們，我必須服從，按照他的一切指令行動。他一遍又一遍，說這一切都是我的錯，說我是個廢物：「一無是處，只配去當妓女，是個又蠢又爛的賠錢貨。」他的話語一點一點滲透進我的內心，我默默接受，不發一語。丹尼爾比我更清楚事情的對錯，所以我選擇相信「這一切，都是我的錯」。

就算沒有什麼理由，丹尼爾總能找到藉口對我大吼大叫。他喜歡這樣，甚至可以說他需要這樣。我能感覺到他在尋找目標，用令我害怕的眼神四處打量。我還不知道他這次要挑什麼毛病，但我知道，他很快就會把怒火發洩在我身上。廚房裡乾淨整潔，一切都擺放得井然有序，沒有任何東西不對勁，而丹尼爾伸出手摸了摸暖氣，發現是冷的。

「是妳關掉的吧！」

他明知道與我無關，是機器出了問題，但他的巴掌還是狠狠地甩在我的臉上，一掌接著一掌。在一起生活了兩年，他已經不再為此道歉了。有時我甚至會主動對他說：「你就快點打吧。」因為我知道，只要他發洩完，怒氣就會稍微消退一些。我學會咬緊牙關。身體上的痛楚久而久之是可以習慣的；但言語上的威脅、精神上的折磨卻完全不同——它們摧毀我，擊垮我，那是無法習慣的，只能任由它們一點一滴地將我侵蝕。我活著，靈魂卻彷彿逐漸剝離、溶解。

丹尼爾時常善變，不斷下達相互矛盾的命令，今天說一套，明天又說另一套。他時而咆哮：「給我滾！小孩是我的，我再也不想看到妳！」下一刻他又會說：「如果妳敢離開，我就把小孩殺了。」

有一次，我拜託他允許我去婦產科檢查，他同意了。然而我回來後，他卻將我痛打一頓，因為我真的去了。無論我做什麼結局都一樣。

我活在永無天日的恐懼之中。

*

有一天，丹尼爾打開冰箱，目光搜尋著裡面的食物，最後停在前一天的剩菜上。剩菜被我小心翼翼用保鮮膜包好，放得整整齊齊。

「妳想讓我們吃壞掉的東西？想毒死我們是不是，想害死妳的孩子？妳這個壞媽媽，根本是殺人犯！」

他怒氣沖沖口沫橫飛、聲嘶力竭地怒吼。他開始把冰箱裡的東西全部往我身上砸。我低著頭，站在原地都不敢動。等他扔完，我還得把地上的東西一一撿起來清乾淨，再放回冰箱。我知道，只要沒做完，他不會讓我上床睡覺。這樣的場景每個週末都會上演。有時是冰箱，有時是廚櫃，經常讓我忙到深夜。

身體的暴力，久了就變成日常，變成習慣。我努力不讓孩子們察覺，所以不發出聲音，不露出一絲異樣，努力讓一切看起來還算正常。丹尼爾每次發作後，我都會走進浴室，獨自處理傷口，再偷偷擦乾眼淚，然後輕輕踮起腳尖走回孩子身邊。

孩子們會小心翼翼地靠過來，輕聲問我：「媽媽，妳還好嗎？」我從不回答「還好」，而是輕聲對他們說：「別擔心，沒事的。來吧，我們去玩……」

我努力從記憶中抹去這些可怕的場景，如果還想活下去，就只能假裝這些從未發生過，但它們依舊時不時閃現，像殘破的片段，在我的腦海裡難以驅散。

某年的二月十四日，丹尼爾因為不滿意我準備的晚餐，一拳打斷了我的鼻梁。我摸了摸臉，發現自己無法呼吸，鮮血從鼻子湧出，濺得到處都是。我能感覺到鼻梁被打歪了。但這並沒有讓他冷靜下來，反而讓他更火大。

「去浴室，把自己弄乾淨，不准讓別人看到妳這個樣子！」

他把孩子們帶上車，猛踩油門離開，而我則對著鏡子試圖抹去他留下的痕跡。十五分鐘後他回來了，當時我還站在浴室看著鏡中的自己。他推開門，隨手丟了一盒東西進浴缸，裡面的玻璃應聲碎裂。

「來，情人節快樂！」

我低頭撿起碎片，那是一個粉紅色的小花瓶，裡面插著幾朵塑膠花，還有一顆愛心泡綿。

有一年聖誕節，丹尼爾用鐵鎚狠狠敲我的頭，只因為我遞給他的聖誕燈串沒亮。我當場被敲昏，整個房間都在旋轉。

還有一次，我那時懷孕，丹尼爾在廚房裡掐住我的脖子，把我勒昏。我醒來時，已經躺在房間，時間也過了很久。我不知道昏迷的這段時間裡發生了什麼，這輩子都不會知道。我只祈禱肚子裡的孩子不會因此受到傷害。

這次是個女兒！當我告訴丹尼爾這個消息時，他欣喜若狂，因為終於如願有了個女兒。我在幾個月前提出過墮胎的想法，但他斷然拒絕：「不可能。」他親自挑了一個特別的名字，叫卡琳。以前，他對兩個兒子不太感興趣，但這次一切都不同了。他對她呵護備至，會輕聲哄睡、稱讚她，對她溺愛。我也愛這個小女孩，用盡心力去愛。她二〇〇一年九月二十六日誕生的那天，成了我們人生的轉捩點。尤其對我而言，處境變得更加艱難了。

丹尼爾一直都有別的女人，而且還樂於向我炫耀。有時他下班回來，會得意洋洋地說：「今天我撿到一個搭便車的女的，就把她給上了！」

他毫無顧忌地向我描述每個細節，甚至還拿出手機，給我看他和那些女人的親密照片。有時我會想：「要是他能愛上別的女人，拋下我和孩子們，該有多好……。」

但那些女人來來去去，從未讓他真的離開。

丹尼爾渴望不斷征服女人，沉迷於她們的氣息。他甚至幫我在交友網站上建立帳號，假裝我是女同志，用我的身分去勾搭陌生女人。他拍下我的身體，用這些照片去跟別的女人交換照片。一旦有人上鉤，他就要我打電話給她們，還要開擴音讓他聽見，強迫我照唸他寫在紙上的話，約這些女人來家裡，和她們發生關係。我別無選擇，只能照做。他躲在窗簾後全程窺視，一刻不漏，有時甚至還會偷拍。

有一天晚上，其中一名女子打電話給我，語氣憤怒不已。她說她確定當晚屋裡並不只有我們兩個人。她的包包被翻過、裡面的文件被動過。我跟她說不可能，一定是她弄錯了，畢竟她也沒有少什麼東西。

其中兩個女人又來了好幾次。每次我都很不適，感覺噁心至極。我厭惡被這些陌生人碰觸，她們只是渴望一些關愛，而我全身都在抗拒。但我只能任它發生，靜靜等待這一切結束，完全沒有選擇的餘地。當她們離開後，我總是哭泣，然後衝進浴室拼命搓洗自己的身體，直到皮膚泛紅發疼。

第6章
代號：阿德琳

我一直都渴望能夠工作，哪怕只是兼職，只要能到外面上班，我都會非常開心。但丹尼爾不准，可是他又常責備我沒幫家裡賺錢。靠他卡車司機的薪水要養活五個人，每到月底總是捉襟見肘。

「妳就是個廢物，妳唯一能做的工作就只有妓女！」他越來越常像這樣咆哮。

現在，他每天晚上都窩在客廳的電腦前，專心地看著色情片，甚至不避諱孩子們在場。他有時還會直接命令我坐到他腿上，逼我一起看他特別喜歡的片段。

「看看她是怎麼做的，妳也學著點！」他以專家的口吻說著：「這才賺錢！而且妳又不會少塊肉……」

他越來越常提起這件事，不斷逼我。我不斷拒絕，但我越是說「不」，他就越是暴跳如雷。我一開始沒當回事，因為他實在太愛吃醋，甚至連在街上遇到陌生男人跟我說話都不允許。我必須避免與任何男人對視，否則他會對我做出可怕的懲罰。所以我心想，他應該只是沉迷自己的扭曲幻想罷了。

然而有天，他真的逼我去賣身了。這次，我依舊沒有選擇的餘地。

那是二〇〇四年春天的某個星期天，卡琳還不到三歲。他對孩子們說我們要出門走走，並要他們在我們回來前洗好澡。接著，他帶著我獨自前往森林。丹尼爾駛入樹林深處，靠近一處卡車司機常停的停車場。他步伐很篤定，顯然對這裡十分熟悉。他把家用的寶嘉八〇六汽車停在一個隱蔽的角落並特意用物品遮住車內的視線，還拆掉後座，在骯髒的車裡鋪了一條舊毯子。我穿著一件低胸、鑲著詭異荷葉邊的白色洋裝，那是他強迫我換上的。

他從一個黑色垃圾袋裡拿出一條棉被、濕紙巾、凡士林和保險套，然後遞給我一個耳機，命令我一直戴著。耳機線連接到一部藏在我頭旁的手機，這樣他便能清楚聽見車內發生的一切，並透過低聲指示來控制我。他顯然已經計畫多時，一切都安排得天衣無縫。

他像擺弄玩偶般把我安置好，便悄然離開。接著，一名約莫五十歲的男人朝我走來，嘴角掛著微笑，遞給我一張二十歐元的鈔票。

恐懼如強酸般侵蝕我的大腦，灼燒我的腹部，使我僵硬到無法思考。我成了一個機器，一件物品，失去了所有意識。丹尼爾完全掌控了我，我只是他可以隨心所欲使用的物品。

我感覺自己已經碎裂、崩塌、消失殆盡。

無聲的淚水不斷滑落臉頰。我腦中唯一的念頭，就是回家，回到孩子們身邊。回程路上，丹尼爾顯然心情很好。而我，一回到家便衝進浴室，用優碘瘋狂地搓洗皮膚將近半小時，只為了將那個陌生男人的氣味從身上徹底抹去。我想要洗去一切，甚至想將身體內部一併清洗乾淨。

在這初次經歷後，丹尼爾開始進一步安排，一步步完善他的計畫。他特地為我取了一個「藝名」，用來應付那些好奇我名字的客人：阿德琳。他也開始考慮起「舒適度」，在車內鋪了一塊泡棉，讓床墊變得柔軟些。他還徹底把車窗擋起來，只留下一個小孔，這樣他就能從外面偷窺車內發生的一切。他用紙板擋住這個小孔，固定在後擋風玻璃的雨刷下，確保不被發現。當有人進入車內時，我必須咳嗽或說「好了」，然後再關上車門。這是暗號，表示一切準備就緒，丹尼爾可以從他的藏身處開始偷看。接著，我得收錢、替客人口交，然後詢問他們想要的體位，並照著擺好姿勢，讓他們隨意擺佈，但必須確保角度不會影響丹尼爾的視線，好讓他看清楚全程。他會在耳機裡低聲指示我該怎麼做：「再轉左邊一點，把腿再張開一點，不然他下次就不來了！」

我知道，如果不服從他的指示，等客人離開後會付出多慘痛的代價。

當所有人都離開後，我會待在車子的後座，重新穿好衣服，並把用過的物品收進袋子裡。丹尼爾往往會走過來，因目睹剛剛的一切而異常興奮，強迫我在回家前再跟他發生一次關係。

回到家後，那個裝滿「工作用品」的黑色垃圾袋，會整齊地收進樓梯下的櫃子裡。他會說：「每樣東西都要放好」。

他甚至還做了名片要發，在家裡用A4紙列印，再剪成小張。上面只有簡單的幾個字：「應召女郎」，旁邊裝飾著幾道藍色波紋。下面是一組電話號碼。為了預約交易，他特地申請了一支專門的電話，並準備了一部只用來接客的手機。他強迫我親自把這些名片發給卡車司機，遞到他們的駕駛座上，或交給停在停車場的汽車駕駛。

我有預約好的客人，也會接待臨時的客人。他們有的是看到我在路邊等待，有的是注意到我們那輛車。有時車停在從帕賴勒莫尼亞勒到蒙索萊米納

（Montceau-les-Mines）之間的高速公路休息站，有時停在這一帶的卡車司機餐廳附近，都是丹尼爾熟門熟路的地方。

丹尼爾負責安排所有交易。他能透過耳機監控每一句話，掌握每一個細節。他時時刻刻無所不在，難以擺脫。他不滿足於僅僅佔有我的身體，還想徹底控制我的思想。我已經沒有任何自尊，沒有自己的想法，沒有渴望，沒有希望。

什麼都沒有了。

為了讓所有人都清楚，並且永遠不會有任何人懷疑，他決定在我身上烙下屬於他的印記。某天晚上，孩子熟睡後，他突然暴怒。先是把我打到半昏，再把我扔到床上。打開抽屜，拿出一支空的圓珠筆管，裡面塞了幾根膠帶纏起來的針。他將這支簡陋的針頭，浸入一小罐藍色墨水中。

我青春期的時候，丹尼爾就曾在我身上刺過青。在我的臀部，刺一隻歪歪扭扭的小海豚，上面用大寫刻著我的名字。當時，我還算勉強接受，沒太過抗拒。但這次我拒絕了。他騎坐在我身上，用雙腿緊緊夾住我的腿，讓我無法動彈，然後開始用那支簡陋的針頭刮我的皮膚。

「這樣，大家都知道妳是我的！」他低吼：「妳這副樣子，再也不會有男人想要妳了！」

劇痛撕裂著我的皮膚，但我只能看著他動手，淚水無聲滑落，整個人像是靈魂出竅一般。墨水滲進肌膚，邊緣模糊不清。於是他更加用力，一遍又一遍地劃，直到線條變得清晰。最後，他用大寫字母，在我的下體邊緣，刺下了他的別名——丹尼。

*

價錢全由丹尼爾決定。他會根據客人的外貌、態度來定價，透過耳機告訴我應該開多少錢。有時候一次要價五十歐元，有時則只有一半。

有一次，我們等了一整天，結果只來了一個客人。他猛烈完事後，扣上褲子，從口袋裡掏出來的卻只是一把零錢，全是幾分歐元的小硬幣。他只有這些錢。

「拿了吧，這點至少還能貼補油錢……」丹尼爾在耳機裡低聲說。

其實，丹尼爾在乎的根本不是錢。他要的，是能夠親眼看著這一切，並且從羞辱我的過程中獲取快感。

還有一個晚上，他沒有任何解釋，便決定來者不拒。那一晚，我連續接待了將近十五個客人。車子周圍竟然排起了隊，他們站在森林裡等我。丹尼爾負責分配時間、議價，整個人樂在其中，因為這門生意極為順利。

但當沒有人來時，他的臉色就會變得陰沉，表情讓我不寒而慄。

總有一天他會殺了我，這是命中注定的。我從小就知道了，從我媽媽親手為他打開我們家的大門時，就已經注定如此。

現在，除了深入骨髓的恐懼，我已無法感受到任何情緒。

我的身體赤裸地癱軟在車子的後座，但我的心早已飛向孩子們，逃離這裡，飛得很遠很遠。

就像當年我還是個小女孩，被丹尼爾侵犯時一樣。

第7章 活在掌控之下

我看著孩子們一天天長大。厄萬在二〇〇六年十月二十日出生，如今我們家已有了四個孩子。

迪倫、凱文、卡琳、厄萬。

有三個男孩，一個女孩。他們溫柔、美麗、勇敢。想到迪倫第一次從嬰兒床裡溜出來的情景；找遍整間屋子，只為了撿回凱文弄丟的奶嘴；卡琳半夜餓醒的模樣；以及為了哄厄萬入睡，我們得發揮無窮的想像力……我就忍不住微笑。

然而，丹尼爾不曾對他們手下留情。他牢牢控制著我們所有人。孩子們和我一樣，全都學會了順從。他們時常沉默不語，唯命是從，唯恐激怒他。他們從不鬧脾氣，從不頂撞，總是聽話守規矩。人們常稱讚他們懂事、禮貌、乖巧，但事實上，我們早已被徹底馴化，被訓練成滿足這個暴君所有要求的機器。

丹尼爾時刻監視著我們，什麼都逃不過逃過他那病態的警覺。我每次出門前都得先向他報備，回來後也要再打電話通知。幾乎每一次，他都會限制時間。只要他覺得我晚了幾分鐘，手機馬上就會響起，而這從來不是個好兆頭。他會仔細檢查電話帳單，檢視每一組號碼、每一通撥出的電話。我必須對所有通話做出解釋，這樣的審問往往持續數小時。他給我規定了明確的採購時間，而且每次都必須帶著其中一個孩子同行。我得匆匆忙忙趕回家，把收據交給他，低著頭等待他逐項檢查購買的商品。有時他還會親自開車去超市，確認我們確實如實前往。回家後，他會分別審問我們，問我們遇到了誰，有沒有跟誰說話。他甚至會打給兩個與我們同時購物的熟人，向他們確認是否有見到我，並問我表現得「像不像話」。

在村裡，他同樣安插了眼線。每當他決定讓我們去公園或游泳池，我們都知道，一定有人在暗中監視我們。那些他的人，會將我們的一舉一動如實回報給他。我曾看到他把車停在麵包店前，只為確保我沒有和任何人說話。無論我們走到哪裡，他總會出現在途中。

為了避免挨打，我們儘量與所有人保持距離。我變得沉默寡言、封閉內向。我們家也幾乎沒有訪客。

我的弟弟傑羅姆偶爾會和他的妻子克勞汀來探望我們。他是我唯一還保持聯繫的家人，儘管這份聯繫已經十分微弱。每當他們來訪，我們都會圍坐在餐桌前，但只有丹尼爾一個人在說話，由他來「彙報」我們的近況。我一旦試圖直接與弟弟對話，丹尼爾便會狠狠地瞪我一眼，於是我只能閉嘴，孩子們也學會了沉默。我曾幻想著弟弟能來家裡過個週末，讓我在無止盡的毆打間稍作喘息。但事實卻是，他最後乾脆不來了，因為我們家的氣氛實在太詭異了。儘管如此，我還是會偶爾幫他照顧女兒蘿拉。有時，他晚上來接女兒後，丹尼爾便會把我狠狠痛打一頓，懲罰我「讓外人踏進家門」。

有時候，他的朋友或鄰居夫妻會來家裡喝杯酒，這時我們就會接到命令，不得開口說話。我們的存在只為了服侍客人，等事情結束後，就得消失在他們的視線。

有一天，丹尼爾的姪女克莉絲特來按門鈴。她說想看一些老照片。他讓她進來，並命令我拿給她看。我們把照片攤在卡琳房間的地板上，方便翻閱。這時，克莉絲特突然告訴我，她剛和伴侶分手，因為對方會打她。聽到這句話，我的心跳瞬間加快，我沒多想就湊近她低聲說：「妳知道嗎，丹尼爾打斷過我的鼻梁⋯⋯」

就在這時，我的視線捕捉到一絲動靜。我猛然抬頭，正好對上丹尼爾的目光。他躲在樓梯後，正偷偷監視我們。他到底聽見了多少？還是只是注意到我們低聲交談？我立刻站起來，帶著克莉絲特回到客廳，內心充滿恐懼。我知道，剛剛我打破了家裡的「神聖法則」——沉默。這時我腦中不斷盤旋著一個念頭：「她不能走，她不能走……」

但我該怎麼留住她？最終，克莉絲特還是離開了，我則被狠狠地教訓了一頓。

丹尼爾第一次威脅要殺了我們全家時，卡琳還是個嬰兒。那天晚上，她已經熟睡，而我正在哄男孩們上床。丹尼爾突然闖進房間，開了燈，沉默地盯著我們看了一會兒，然後說：「妳想離開，對吧？」

我低下頭，沒有回答，表情毫無波動。

「別擔心，總有一天，妳可以離開這裡。但是躺著出去的，孩子們也一樣。」

說完，他發出一陣猙獰的笑聲，我則無聲崩潰。我當然想逃，早就想過無數次。但我沒有朋友，也沒有一分錢，能逃去哪呢？我曾發誓，無論如何都不能讓孩子陷入危險。如果我們離開，卻被他找到，後果根本不堪設想。我竭盡全力不去觸怒他，但內心深處總有個聲音在警告我：遲早有一天，可怕的事情會發生。我很害怕，因為我們的生命都掌握在他手裡。他時不時會說，真後悔當初沒殺了前妻，並且保證，對我們他絕不會猶豫。

他舉起槍對準我時，我多半已經不會有反應了。他最享受的，便是觀察我的表情，看著我的臉慢慢扭曲變形，像是嗅到獵物的獵犬。有一次，他拿著步槍射向我，我閉上眼睛，完全沒有閃避，內心甚至在想：「來吧，殺了我吧，這樣一切就結束了。」但下一秒，我又猛然驚醒：「不行，我不能拋下孩子們，不能讓他們單獨和他在一起。」子彈最終打在廚櫃的門上，離我的頭只有一點距離，留下了一個深深的彈孔。

有時，我的求死之心強烈到會站在窗前，想著：「如果我從這裡跳下去，會直接掉進鄰居家，孩子們不會看到。」但我終究沒有這麼做，因為丹尼爾對我們的死亡威脅，已經變得越來越頻繁。

無論如何，我必須保護我的孩子。

*

我盡力讓迪倫、凱文、卡琳和厄萬過上正常的童年。但他們在父親的掌控下，生活充滿了無數的禁令和規矩。丹尼爾把零食櫃上了鎖，即便上班也隨身帶著鑰匙。他不允許孩子們聽「外國音樂」，而且電視上只要出現「黑鬼」或「阿拉伯人」就得關掉。我得在一旁站哨，偶爾讓孩子們偷看一點自己喜歡的節目。一聽到他回來的動靜，我們就立刻關掉電視，迅速跑回各自的房間。

凱文和卡琳還在念小學時，有一天，他們問我「應召女郎」是什麼意思，我立刻追問他們為什麼會這麼問，卻沒有得到任何回答。幾年後，他們才向我坦白，原來他們一直很疑惑，為什麼我每次回家後都會洗很久的澡。

所以他們偷偷調查，翻過樓梯下那個黑色垃圾袋，也偷看過父親的手機和電腦，最後，他們明白了一切——明白了丹尼爾強迫我做的事。他們告訴我，對他們來說，這並沒有改變什麼，畢竟，他們能做什麼呢？但我卻感到前所未有的羞恥，以及悲慘。

孩子們經常遭受責罵和羞辱，彷彿一文不值。丹尼爾喜歡像拎小貓一樣抓住他們的後頸，用力緊掐。他還慫恿卡琳辱罵我，將男孩們狠狠摔向牆壁，甚至抓著頭髮把他們拖過院子。我拼盡全力擋在他和孩子們之間，認為應該由我來承受真正的毒打。我偷偷藏起他們的成績單，以免他發現他們在學習上的困難。迪倫、凱文和厄萬都有閱讀和語言障礙，他們在理解、閱讀、書寫，甚至口語表達上都有困難。長期以來，丹尼爾拒絕讓厄萬接受語言治療，即便他的學習問題十分明顯。直到校醫親自打電話給他，強調治療的重要性，他才勉強同意，但還特別警告我，那位醫生最好別再打電話來。

至於視力矯正治療，我則無論如何都無法說服他答應。

「夠了，我已經答應語言治療了。」丹尼爾提醒我，沒必要再浪費錢在這上面。反正厄萬就是個白痴，和迪倫、凱文一樣又懶又瘋！

週末將近時，我們全都焦慮不安，因為丹尼爾會待在家裡整整兩天，與我們朝夕相處。四十八小時，漫長得如同無止境的折磨。他偶爾會修修補補，或者去釣魚，但更多時候是百無聊賴。於是，他就在屋子裡來回踱步，像是在尋找一個可以發作的理由，一旦找到，他便開始狂怒咆哮。我們無不膽戰心驚。到了星期一，他終於離開，我們才得以暫時鬆一口氣。

孩子們從不表現出任何情緒，也從不哭泣。他們的眼神有時會變得呆滯無神。我們早已學會掩飾情感，控制一切，把所有的情緒深埋在心底，絕不流露。凱文整個幼兒園階段從未開口說一句話；迪倫在學校飽受同學欺凌，卻始終默不作聲；厄萬在小學二年級時，曾試圖用蒙面俠蘇洛裝扮的腰帶勒住脖子，是凱文發現，救了他一命。當時厄萬告訴我們，他之所以想死，是因為覺得自己得不到足夠的愛。

卡琳小時候偶爾會對我說：「媽媽，我需要大聲喊出來……」我會先確認鄰居不在，然後讓她到外面盡情喊叫。這對她來說是種解脫。回到屋裡後，她會變得比較平靜、放鬆許多。

家庭聚會從來沒有順利過。每當孩子們過生日，我們總是在星期天中午慶祝。我會精心準備一頓豐盛的餐點，選用一些平時難得吃到的食材，比如美味的勃根地蝸牛。剛開始一切都還算平靜，但當拍照的時候，孩子們的笑容不夠燦爛，或是稍微動了一下、轉了頭，丹尼爾就會開始怒吼，隨後變得暴躁，對所有人發火。最後，派對總是在哭聲中結束。

聖誕節也是如此。唯一不同的是，這天晚上我們通常還有幾個小時能喘口氣。因為大概到了晚上八點，丹尼爾就已喝得爛醉如泥。他會睡上一覺，因此我們經常得等到午夜左右才能開始晚餐。我和孩子們趁這段時間稍微放鬆，但仍不敢發出任何聲響，以免吵醒他。等他醒來後，雖然已經沒有力氣動手打人，卻還是會用惡毒的辱罵和死亡威脅折磨我們。我們默默吃著飯，低頭盯著自己的盤子，小心翼翼操作餐具，不發出一絲聲響。

第8章 家務事

今天早上起床，我套上一件黑色外套，裡面是白襯衫。西裝褲的質料稱不上好，但勉強過得去。丹尼爾則穿上了一套不合身的深色西裝。我們的衣服都是全新的，前幾天剛在一家平價成衣店買的。我們還特地買了一對結婚戒指，價格相當划算，兩枚只要八十歐元！我的戒指內側刻著丹尼爾的名字，而他的戒指則刻上了我的。我就這樣跟著他在店裡轉來轉去，沒有多想什麼。

我們已經在博多蒙的這棟房子裡住了十年。十年來，四個孩子一直不明白，為什麼我的姓氏和他們不一樣。尤其是迪倫和凱文，他們已經問了好多年。而這一次，他們的父親和我，終於要結婚了。

「這樣，我們全家就會有一樣的姓了。」丹尼爾幾週前這麼說，語氣十分堅決。

我回答：「好，就這樣吧。」畢竟這似乎再合理不過了，不是嗎？

孩子們（分別是九歲、八歲、七歲和兩歲）聽到這個消息後都很興奮。那麼，我自己怎麼想呢？其實我也不清楚。我唯一確定的是，我這輩子從未對丹尼爾產生過一絲一毫的愛——連一分鐘，甚至一瞬間都沒有。很久以前，我以為他至少可成為像父親一樣的依靠，但我錯了。不過，這些都不重要，因為我的意見從來不算數，決定權永遠掌握在別人手裡。

婚禮訂在二〇〇八年十一月十五日，就在我二十八歲生日的前一天。我請了傑羅姆做我的證婚人，而帕特里克（丹尼爾為數不多的朋友之一）則答應做他的證婚人。當婚禮公告貼出來後，住在附近的一對年長鄰居問我們能不能來觀禮。他們一直是安靜又和善的人。我懷厄萬的時候，他們曾主動提出要幫我照顧三個孩子，好讓我從醫院回來後能稍作休息。從那時起，我們之間建立起一種微妙的關係。他們偶爾會邀請我們去家裡坐坐，我們會在丹尼爾允許的時候去，免得村裡的人覺得我們從不出門太奇怪。至於那些威脅、毆打……我想，他們大概從來沒察覺到什麼。

婚禮當天，天色陰沉，細雨紛飛，寒意逼人。我們一個接一個地走進村裡的公所避雨。副市長來迎接我們，胸前斜掛著法國三色肩帶，然後帶我們進到一間簡單的白色房間。房內只有一張講台和幾張長椅，別無裝飾。我們十個人坐下，孩子們整齊地坐在第二排，兩側是我們的證婚人。這裡沒有音樂，沒有花，沒有任何布置。只有一篇短短兩三分鐘的宣讀，簡單讀出幾條民法條文：「夫妻應當彼此尊重、忠誠、扶持、協助。應共同撫養子女，為他們的未來做好準備……」

「依據法律，我宣布丹尼爾．波萊特先生與瓦蕾麗．巴科小姐正式結為夫妻！」

丹尼爾將婚戒套在我的手指上，我也照做。接著，我們輪流在戶籍登記簿上簽名。副市長祝賀我們，她是唯一一個露出笑容的人。儀式結束後，那對鄰居輕輕點頭向我們道別，然後悄然離去。

這一天與往常無異，唯一的不同是，我們去餐廳吃飯了。自從開始欠債以來，這種事幾乎沒發生過。債務逐漸累積，如今已完全無法償還。丹尼爾貸款買了車，還分期付款買了電腦和電視。我們每週六一起去採購時，他總是隨心所欲拿任何想要的東西，從不看價格。還堅持每天都要吃得豐盛，但我們根本無法負擔這樣的開銷。此外，他的酒錢更讓家裡的財務雪上加霜：他每兩天要喝六瓶葡萄酒、每週一瓶茴香酒，週末晚上則是一整箱二十四瓶的啤酒，外加一瓶力加茴香酒。更糟糕的是，他的前一次離婚案至今未結，警察仍在追討他欠下的費用，而他始終拒絕支付。為了省錢，我經常不吃飯。我甚至不得不在超市偷酒，我會把白酒和玫瑰酒藏在嬰兒車底下，從來不敢想如果被抓到會發生什麼事。我腦海只有一個念頭：如果丹尼爾下班回來，發現沒有他要的酒，會怎樣對我發火……

但今天，我們結婚了，情況似乎有些不同。我沒有感到喜悅，也沒有任何激動的情緒。我唯一能看到的，是孩子們開心的笑容。我們吃著田雞腿和燉肉，丹尼爾與我們的證婚人聊天，他的情緒顯得平靜。我望著他，突然心中湧起一絲希望：如果他能改變，哪怕只是一點點，也許一切都還有轉圜的餘地……

*

這些年來，丹尼爾每天都對我重複同樣的話：「妳這個沒用的廢物、拖油瓶，連賺錢都不會。」但其實我也想工作：像是我可以在家裡幫人照顧孩子，甚至不用出門。但丹尼爾連這樣都不准，他態度強硬地拒絕：「我不想讓那些社福機構的人跑來這裡亂查！」

任何外人都不准踏進我們家門，無論什麼理由。直到二〇一四年六月，鄰居給了我一份工作機會。她即將退休，想把她的職位讓給我。那是村裡小學的清潔工作，內容是每天放學後打掃校園。這是個獨立作業的工作，不需要同事，也不會遇到任何人，丹尼爾應該不會反對。當我鼓起勇氣向他提起這件事時，他竟然答應了：「隨便妳。」

我本該多留心，但這突如其來的機會讓我沒多想就接受了。這只是一份兼職，每天只有幾個小時，但至少能讓我暫時離開這座被禁錮的房子。這份工作讓我擁有自己的事情可做，也能有片刻不必活在他的目光之下。

我擦去黑板上的粉筆字，把椅子整齊地擺放在課桌上，仔細用拖把清潔仿木紋塑膠地板。一切都打掃乾淨後，我滿意地收拾好工具，準備回家。這是我工作的第二天。丹尼爾已經下班，他的車停在家門口。我從口袋裡掏出鑰匙，脫下鞋子走進屋內。然而，剛踏進門口幾步，我立刻察覺到不對勁。廚房和客廳一片狼藉。這時，卡琳衝到我懷裡，哭得上氣不接下氣：「媽媽，求求妳，不要再去工作了！」

她哭得喘不過氣，幾乎無法說話。我從未見過她這副模樣。

「別怕，媽媽在這裡……」

我緊緊抱住她，輕撫著她的額頭與長髮。我不在的時候，到底發生了什麼事？迪倫和凱文站在她身後，默默地向我搖頭，表示他們也不知道。

突然，丹尼爾從他們身後衝出來，怒氣沖沖地盯著我，他的眼神如同利刃般刺向我。

「上樓！」丹尼爾指著通往樓上的樓梯，冷冷地吐出這句話。

這個命令像一記響亮的鞭打，在空氣中炸裂開來，勾起我童年的陰影。我順從地走上樓，進了房間，丹尼爾隨後跟進，關上門，將我們鎖在這個狹小的空間裡。然後，他開始對我施暴，用手、用腳、用他能抓到的一切東西。一拳接一拳，根本停不下來。我甚至沒有試著去躲，因為這是應得的懲罰。我就像一條被主人修理的狗，做錯了事，被教訓是理所當然的。我又做錯了，又沒做好他要的樣子。

這一切，都是我的錯，全部都是我的錯。

我默默接受這場懲罰，就算被打到粉身碎骨，就算再也站不起來。第二天，我走進公所，求見負責雇用我的副市長。我低聲向她解釋「情況有點複雜，孩子們需要我。很抱歉，我沒辦法繼續做下去了。」她是我常在村裡遇見的人，這裡才幾百人，大家彼此都認得。她聽到我的話，皺起眉頭，雙臂交叉在胸前，深深嘆了口氣。

「那妳就待在家裡吧。」她說：「那是你們的家務事，與我們無關。」

第9章
把我們從地獄救出去

孩子們現在都大了。幾個年紀較長的孩子進入了青春期，開始偶爾外出，騎著機車四處跑。當丹尼爾不在家時，我會和那些來家裡玩的朋友聊上幾句。他們會談起自己的父母、家人，我不禁將我們的生活與他們的相比，然後開始思考：

我們的生活，這樣算正常嗎？這真的能稱作是「生活」嗎？

對於我們六個人所過的日子，我越來越無法忍受。隨著孩子們漸漸長大，丹尼爾暴怒發作得越來越頻繁，現在每天都會發生，毫無例外。可是，我能向誰傾訴？這一切，我該對誰說？我身邊沒有任何人，無論遠近，連一個也沒有。

卡琳的男朋友盧卡斯，開始越來越常來我們家。他一開始是凱文的朋友，兩人同班，課後也經常見面。幾個月後，二〇一一年底，盧卡斯正式成為卡琳的男友。他是一個高大壯碩的少年，紅棕色鬍子、藍色眼睛、金銅色的頭髮，身材如同一座巨大的衣櫃，體重超過一百公斤。他總是穿著運動褲，滿身大汗，而且菸不離手。但他性格溫和又有禮貌，所有孩子都喜歡他。當盧卡斯在我們家過夜時，丹尼爾規定，卡琳必須睡在我們房間地板的一張床墊上，而盧卡斯則睡在樓下的男孩房間。

幾個月後，二〇一二年夏天，迪倫迎來了他的初戀。喬安娜常常和他講電話，有時也會在她家或我們家見面。我要開車去接她時，總會遇見她的家人。他們是一個幸福和睦的家庭。然而，喬安娜難以適應丹尼爾在家裡訂的規矩。比如說，如果他決定每個人只能吃三片臘腸，那就只能吃三片，誰也不能多拿，這就是規矩。喬安娜覺得這種做法很奇怪，甚至坦言丹尼爾讓她感到害怕。每當她無意間觸犯這些規則時，我和孩子們便會用眼神暗示她，提醒她什麼可以做，什麼不能做。

如果喬安娜不小心從他遞的盒子裡，多拿了一顆糖，我們都清楚，等她回家後，他一定會在晚上對我發飆。丹尼爾時刻監視、控制著一切。在他面前，我們甚至沒有資格彼此交談。

然而，喬安娜和盧卡斯這兩位外人的出現，讓我有了一絲喘息的空間。他們的存在讓我感覺到某種變化，某種意想不到的新變化。好像那些一直隔絕著我們的牆，正在一點一點地出現裂縫。

我花了幾個月深思熟慮，最終得出一個結論：**這一切必須結束**。**我必須尋求幫助，把我們從這個地獄救出去**。但這代表我要想辦法躲開丹尼爾的監視，找到機會行動。於是，我找了一個藉口，說要去學校找孩子們的老師談談。利用這個機會，帶著凱文和盧卡斯到帕賴勒莫尼亞勒。在路上，我將他們送到警察局，請他們幫我向警方打聽，看看我們這種情況該怎麼辦。

男孩們開始越來越常替我出頭，對抗丹尼爾。他們發誓說我沒有做錯任何事，甚至主動承擔所有的錯誤，不管是真是假。但這樣只讓情況更糟，丹尼爾變得更暴力，因為他無法忍受任何人頂撞他。

「閉嘴！你們沒資格說話！我說是她，就是她！」他憤怒地咆哮著，然後再次向我撲來，變得更加兇狠。

我把凱文和盧卡斯留在警局前的人行道上，心跳加速地趕往學校的家長會。會議中，老師和家長們的討論我幾乎聽不進去，心裡滿是希望與焦慮，壓得我快喘不過氣。回程途中，我接回了兩個少年。他們臉色很沉，看來悶悶不樂。

「媽媽，對不起，沒成功……」凱文崩潰地說：「我們告訴警察他打妳，還有他在樹林裡對妳做的那些事，他們還是拒絕受理我們的報案。他們說妳必須親自去離家更近的拉克萊耶特村報案才行……」

「警察還在電腦上查了你們的名字。」盧卡斯補充道：「他們發現其中一輛車是登記在妳的名下，另一輛則是登記在他的名下。還有，丹尼爾真的坐過牢嗎？」

我沒有回答。腦海裡翻湧著無數問題。丹尼爾坐過牢的事，孩子們從未聽說過，他們不可能自己編出來！那位接待凱文和盧卡斯的警察顯然有查過，但為什麼不做筆錄，甚至不留下任何紀錄？為什麼他們不願意聽我們說？這不是他們的職責嗎？如果連他們都不能依靠，我們還能向誰求助？我的喉嚨緊縮，我們悲傷又失望地回到家裡，卻要小心不讓這些情緒顯露出來。

幾個月過去了，我們才鼓起勇氣再試一次，這次是去拉克萊耶特村的警察局。要我親自去，這對我來說實在太難了。我很想，但我做不到。上一次踏進那棟建築時，我還只是個孩子，身邊也有媽媽陪著……

卡琳和盧卡斯主動提議代替我去，我則在附近等他們，把車停在滑板公園的停車場。我從後照鏡看到他們走進警局，心跳快得像要衝出胸膛。然而，他們沒多久又衝了出來，怒氣沖沖地跑向車子。

「他們根本不理我們！」卡琳邊打開車門邊抱怨道：「他們說妳要自己去報案，還罵我們是臭小鬼，說他們還有更重要的事要忙，根本沒空聽我們胡扯！」

我發動引擎時，她癱倒在後座，不斷喃喃重複：「太不公平了，不公平，不公平。」必須由我來報案，案件才可能展開調查，也才有機會核發禁制令。就在我思考的時候，卡琳從後座抬起頭來，她淚眼汪汪的雙眼在小後照鏡中清晰可見。

「如果他知道我報警，他會把我們全殺了。」

卡琳沉默地點了頭。

我們心裡都清楚，說出口的風險太大了。

於是，我們決定不再做任何努力，放棄這場抗爭。

反正，根本沒有人願意聽我們說。
我們已經無路可走，一切都完了。

第10章
「對不起，我殺了他……」

廚房的牆上裝飾著小巧的藤編籃，裡面擺滿了各種蔬果，襯著米色的牆面。我坐在平時的位置，面對水槽，赤腳踩在冰冷的磁磚，準備著晚餐。夜幕尚未降臨，春天的氣息已悄然來到。然而，像每個週末前的夜晚一樣，一種沉重的壓力緊緊壓在我的胸口——丹尼爾很快就要回來了。接下來的兩天，我們將不得不與他共處一個屋簷下。

每個週末都比上次更糟。這些年下來，丹尼爾變得越來越沒耐性，什麼都讓他不耐煩。連釣魚這個一度讓他著迷的興趣，如今也讓他幾乎提不起勁了。他唯一的消遣，就是讓我們活在恐懼裡。他整天咆哮，折磨孩子，無論我們做什麼，他都不滿意。我的生活成了地獄，失去一切掌控。

我聽見門被推開時發出的沉悶聲響，是丹尼爾回來了。接著是熟悉的動作：他把鑰匙扔在餐桌上，脫掉鞋子的聲音。我能辨認出他沉重的腳步聲在我身後響起。我迅速掃視廚房，尋找任何可能的錯誤。是不是有一絲疏忽，或任何不對勁的地方？但所有東西都乾淨整齊，沒有一點能挑剔的地方。我裝作專心地擦拭水龍頭旁一塊根本不存在的污漬，同時緊張地觀察他的一舉一動，想從細微的線索判斷他今天過得如何，心情是好是壞。

「給我倒杯力加茴香酒。」

我迅速從微波爐後面拿出那瓶藏好的酒，取出一個大玻璃杯，將這濃烈的酒與水混合。酒精被稀釋後顏色變淡了，我默默將杯子放到他面前。他沉默了一會兒，似乎陷入了自己的思緒之中。我也不敢動，害怕稍有聲響就會惹怒他。

「我想清楚了，我不幹了，反正我的合約月底就到期了。我受夠工作了，我已經六十歲，準備提前退休。之後就換妳養孩子了。」

這番話讓我僵住。如果他不再工作，就會整天待在家。我們將永遠受他掌控，無時無刻都被監視，完全沒有逃脫的空間。還有他的債呢？我們該怎麼還？

他滿意地看著我，試圖捕捉我的眼神，然後繼續說：「妳的客人越來越多了。從現在開始，妳就全職賣身吧！」

隔天一早，丹尼爾起床就非常暴躁，因為迪倫在他的允許下去了喬安娜家，結果他仍然無法忍受，開始大發雷霆，抓起手邊的東西往地上砸，還對我們大吼大叫。我儘量貼著牆走，減少衝突。凱文和卡琳、盧卡斯躲在房間裡，厄萬則安靜地在院子裡玩耍，儘量不發出聲音。時間漫長得令人窒息，我們試圖裝作若無其事，繼續做各自的事，但內心充滿恐懼。晚餐時，沒有人說話。我們默默吃著裹粉煎的奶油肉排，丹尼爾則打開了當天下午的第二瓶紅酒。

他宣布今晚要早點睡，還警告我們最好不要吵醒他。

多年來，每個晚上，他都強迫家裡年紀較小的孩子到床上親吻他，這已成了一個無法逃避的儀式。無論是一起還是分開，卡琳和厄萬都必須鑽進他的被窩裡，擁抱他，跟他道晚安。那天晚上，當卡琳走下樓時，她的臉色蒼白，神情憔悴。盧卡斯、凱文和我，早已緊張不安地在樓梯口等著她。

「他睡了嗎？」

我十四歲的女兒點了點頭，神情不安。

「他跟我說了一些奇怪的話，我聽不懂……」

「他問妳什麼了，寶貝？」

「他問我在**性方面**怎麼樣。」

我們全都僵住了，彼此對視，一言不發。沉默持續蔓延，直到盧卡斯終於開口，說出了我們心裡都在想、卻沒有人敢說出口的話。

「他想對她做，在森林裡對妳做的事。」

當晚，卡琳吞吞吐吐地向我吐露心聲。她告訴了我一些我一直害怕聽到的事，那些我們從未談論過，但內心早已隱約察覺的恐怖真相。

這一夜，我徹夜未眠。我身心都已經到了極限，卻完全無法闔眼片刻。想到我的女兒，想到他可能對她做過的事，就讓我痛苦不堪。丹尼爾在黑暗中打著鼾，沉睡在我身旁。我蜷縮著身體，躺在床的邊緣，盡可能不碰到他。他的觸碰讓我噁心，就連他身上的味道也滲透到整個空間，甚至浸染了我自己。他就是一切，而我們什麼都不是，只是被迫服侍他的玩物，要取悅他，滿足他的所有需求，甚至是他那些最殘忍、最骯髒的欲望。

終於，二〇一六年三月十三日的晨光透進來，照在我空洞無神的身體上。我已精疲力竭，但仍然得起床，準備他的咖啡，幫他穿襪子，配合他的節奏。我幾乎快站不住了，他卻毫無察覺。如果他能讓我喘口氣，就算只有片刻，讓我能重新振作起來……

今天是盧卡斯十六歲的生日，他低聲對我提議：如果我們在他的咖啡裡放安眠藥呢？丹尼爾已經服用安眠藥多年了，最初是我媽媽幫他拿藥。自從他出獄後，他一直把一盒使蒂諾斯藏在廁所上面的小櫃子裡。如果這樣能讓我和孩子們得到片刻的安寧，那為什麼不試試呢？

我們剛吃完午餐，卡琳和厄萬在收拾餐桌，而我則忙著整理廚房。丹尼爾坐在客廳的扶手椅上，等著他的咖啡。

「就這麼做吧！」盧卡斯在我耳邊輕聲說。他從口袋裡掏出幾顆藥，開始壓碎，磨成細細的白色粉末。熱騰騰的咖啡已經準備好，我悄悄將一些藥粉倒入杯中，然後攪拌到完全溶解……

「多放一點。」盧卡斯堅持。

我搖頭拒絕。如果他睡得太久，可能會起疑，然後拿我們出氣。我端著咖啡走進客廳，沒看他一眼就直接遞給他。他拿起杯子，抿了一口，正當我準備轉身離開時，突然皺眉說：「妳泡的咖啡味道好怪，難喝死了。我才不喝這種東西！來，這杯妳給我喝完！」

我在他的注視下，硬是吞下幾口，他則露出一種幸災樂禍的表情。剩下的，我儘量含在嘴裡，然後迅速衝進浴室，全吐進水槽。然而，藥效很快就在我已經疲憊不堪的身上發作。我感到渾身發麻，腦袋昏沉，彷彿整個人被裹進厚重的棉絮裡。我拼命控制自己，不流露任何異樣，努力保持清醒。可我多麼想就這樣睡去，閉上眼睛，讓一切遠離我⋯⋯

到了下午，丹尼爾開始在印表機後面翻找，然後打開那支專門用來接待「客人」的手機。有兩則新訊息。他的臉上閃過一抹惡毒的笑容。

「還記得那個滿嘴爛牙的傢伙嗎？他要見妳，晚上八點，可餓壞了！」他發出一陣令人不寒而慄的冷笑。這個男人已經來過好幾次了，自稱馬努，但我不知道這是不是他的真名。

那個男人大約四十歲，深棕色的捲髮，脖子上掛著一條法蒂瑪之手的項錸。與其他客人不同，他難以捉摸、殘暴、噁心、瘋狂至極。就連丹尼爾都對他心生畏懼，說他**腦子有問題**、**不太對勁**，**讓人發毛**。他是一個扭曲變態的怪物，讓我極度害怕。他曾試圖把打火機塞進我的陰道，或者在過程中偷偷摘掉保險套。每當這個客人來的時候，丹尼爾總會特別小心。他會把手槍藏在座椅之間，或者放一條從工地撿來的粗電線，當作棍棒防身。

我渾身發冷，完全崩潰。我現在這種狀態，根本無法應付他，今天絕對不是適合接待這個人的日子……

「妳去喬安娜那裡接回迪倫，把盧卡斯送回他媽媽那邊。回來的時候，把自己準備好。」丹尼爾一邊下令，一邊在手機上快速打字回覆。

我把盧卡斯送回他家，再去接我兒子。我的視線模糊，雙手在方向盤上不停顫抖。

「媽媽，妳真的沒事嗎？」

車子猛然偏了一下，迪倫在我旁邊顯得很擔心。我說沒事，這樣他就不會繼續追問。恐懼、疲憊和焦慮讓我腦袋一片混亂。

我們回到家，迪倫立刻衝進房間，而我走向浴室。丹尼爾要求我把私處剃乾淨；有時他甚至會親自來剃。我站在鏡子前，在眼皮上塗上一層厚厚的灰色眼影，嘴唇則塗上深紅的口紅。丹尼爾對這些裝扮非常講究，如果我忘了其中一樣，他絕不會放過我。弄完後，我去臥室衣櫃裡拿出他的手槍，放進裝著必備用品的垃圾袋裡。我意識渙散，彷彿一隻走投無路的困獸，卻只能硬著頭皮往前走。

我坐進副駕駛座。照慣例，在開往森林的路上，我會一邊聽他交代注意事項。我穿上一件白色荷葉邊洋裝，裡面什麼都沒穿，再套上一雙高跟的黑色麂皮過膝長靴。我戴上無線耳機，丹尼爾在上面貼了一小塊霧面膠帶，用來遮住通話時閃爍的藍色小燈。

在我們途中收到一則訊息，「第二個預約取消了」。丹尼爾不滿地低聲咕噥。

他突然說：「對了，今天晚上會有點特別。馬努想從後面來。我談好了，價錢不錯。」

我悶聲驚呼了一下：絕對不行，我拒絕。那種事我從來沒做過，我不想做，他不能這樣對我。什麼都可以，但這個不行！丹尼爾猛地把車停在路邊，呼吸急促，開始咆哮：「妳要不要我先給妳一巴掌？我跟妳說，妳最好給我乖乖去做，不然……」

他沒把話說完，車內充滿了威脅的氣息。

車子開進森林深處，在帕賴和沙羅勒（Paray et Charolles）之間，一家公路餐廳附近。丹尼爾把那台八〇六停好，迅速把後車廂整理成臨時空間，把手槍夾在前座之間，然後隱身在黑暗中，避開迎面的車燈：客人已經到了。馬努一出現，我就告訴他：改從正面，後面的免談。

但他根本不聽，像發狂的野獸一樣撲上來抓我。他用雙腿、雙臂壓制住我，把我翻過來，兇猛地強暴我。尖銳的痛楚劃破我的身體，我拼命想逃，卻完全無法掙脫，血和眼淚混在一起。丹尼爾卻藏在車後門邊，看著這一切發生。

他在耳機裡持續怒吼：「給我乖乖配合，臭婊子！不然妳會後悔，我發誓妳一定會後悔⋯⋯等他做完，妳就知道我會怎麼對妳⋯⋯那才叫真的⋯⋯」客人抽身離開，把我赤裸裸地丟在車內，臉朝下攤在地板上一動也不動。他拉上褲子拉鍊，把一張鈔票丟在我頭旁邊，一句話也沒說就消失了。我繼續啜泣，整個人被掏空，毫無力氣。丹尼爾回來時，我還維持著同一個姿勢。他臉上的怒火已經扭曲了五官。

「都是妳把客人嚇跑的，一切都被妳搞砸了！妳給我記住！如果他不回來，就是妳害的！我要殺了妳，妳這賤貨去死！跟孩子們說再見吧！」

我的身體被客人撕裂，內心被丹尼爾嚇得發瘋。他昨晚對卡琳說的話在我腦中盤旋：「在我之後，會不會輪到她？」一切混亂交織，腦袋像煮沸的壓力鍋，隨時會炸開。

「一定要結束，一定要結束，一定要結束，一定要……」

丹尼爾發動引擎，嘴裡仍不停咆哮。我像是靈魂出竅，完全失去思考能力，從藏槍的地方拿出手槍，把槍口卡在頭枕與座椅的縫隙之間，閉上眼，扣下板機。這一切只發生在短短的一瞬間。閉著雙眼，仍可感受到炸裂的光線閃過，也聞得到火藥味在車內蔓延。我不清楚到底發生了什麼，就好像整個人從自己的身體裡分離出來。一道堤防潰堤了，我無力反抗最後被激流沖走。我只想讓這一切結束，希望他別再吼了。

引擎發出怪聲，我不知道發生了什麼。我一絲不掛，像隻驚弓之鳥。我從右側車門爬出，繞到駕駛座那邊，打開車門。丹尼爾倒在地上。我慌亂地跨過他，一邊想著：等他起來，一定會撲上來把我殺了。我跳上座位，猛踩油門，全速逃離。此時的我，赤裸坐在方向盤前，渾身還沾滿了鮮血。我害怕他會追上來，怕他會緊跟著我不放。

我不聽他的話，還想反抗。這次，他一定會殺了我。

我該怎麼辦？要去哪裡？我想到了盧卡斯，他總是知道該怎麼做。我踩下油門，朝他家開去。但很快就意識到，我不能就這樣出現在他面前，得先穿上衣服。於是我把車停在路邊，套上牛仔褲和毛衣，接著以最快的速度，開往大約二十公里外的迪貢（Digoin）。十五分鐘後，盧卡斯看到我出現在他家門前，瞪大了眼睛。

「瓦蕾麗？怎麼了？」

他毫不猶豫地打開車門，坐進副駕。

我哽咽著說：「是丹尼爾……他要殺了我……我把他殺了……」

「別說傻話，妳在說什麼？你們剛剛在哪？冷靜點，有我在。我們回去看看！」

我們開回原路。我把車停在十五分鐘前停的地方的幾百公尺外，但這次我卻無法下車，被恐懼壓得喘不過氣。盧卡斯下車，幾分鐘後回來。我從後照鏡看到他高大的身影朝我走來，有點反常地微微駝著背。

「他不動了。我想……妳真的把他殺了。」

他用著沒有起伏的低沉語氣，彷彿抽離了情感。我胸口狂跳，難以平靜。人雖坐在這，卻早已魂飛魄散，驚恐到徹底迷失。

我腦中飛快閃過一個念頭：「我應該自首，到警局報案。但如果這麼做，孩子就得自己面對一切。他們還小很需要我，我不能讓我們被拆散。」

我蜷縮在座位上，胸口不停顫抖，哭聲一波接一波，怎麼樣都停不下來。

盧卡斯試著安慰我。他開始著手處理，拿出車廂裡的一條毯子，包住丹尼爾。接著他試圖把屍體拖進後車廂，但沒成功。我只好幫他，一起拉著毯子，好不容易才完成。我們一路沉默地開回家，我的眼淚始終沒停過。

一回到家，最先碰到的是凱文和卡琳。

「媽媽？」

我只是輕輕地吐出一句：「對不起，我殺了他……」

孩子們立刻衝上來，把我擁入懷裡安撫。

「別擔心，我們會幫妳的。」大兒子迪倫在房間裡，正和喬安娜講電話。他看見我們站在房門口，立刻掛掉電話。我重複那句可怕的話：「你爸爸不在了，是我的錯，都是因為我。」他沒說話，只是緊緊抱住我。自從他不再是個孩子之後，這是第一次。我什麼都沒跟小兒子厄萬說，他才九歲，我想保護他。

最先恢復理智的是盧卡斯。

「我們把他埋了吧。」

當下，我們竟覺得這主意也沒那麼糟。我們來不及細想，兩個男孩就去院子拿了幾把鏟子。我檢查了一下油箱，快沒油了，我們走不了太遠。在我成長的村莊拉克萊耶特村，城堡後面有一片小森林。

我們就在夜色中往那裡開去。

我駛入森林，一直到樹叢擋住我們前行的路，才把車停下。我們低著頭，在四周走了一會兒，想找一個適合的地方。然後男孩們輪流用鏟子挖著冰冷的泥地，我拿手機照亮他們。那段時間彷彿有一輩子那麼長，有把鏟子甚至在凍土裡斷了。盧卡斯、迪倫和凱文神情空洞，專注挖著，誰也沒哭。終於結束後，他們從車裡把丹尼爾抬出來，放進那個坑裡，立刻埋上。我一刻也無法擺脫內心的恐懼。我們回家時，全身都凍得發抖。

我們沒人想去睡，全擠在客廳緊盯著大門，深怕丹尼爾突然出現復仇，殺了我們。我神經緊繃，聽見任何聲響都以為是他回來了。整個空氣都瀰漫著不真實的氣息。每次我閉上眼睛，那一晚的細節就會像閃光一樣湧上心頭，將我整個纏住。

從二〇一六年三月十三日那晚起，我就再也沒好好睡過一覺。

第11章 她知道，卻從沒說出口

接下來的日子，也並不像解脫。我們努力設法安頓一切，多半依照盧卡斯的指示行動。他展現出超齡的成熟，早已不像個青少年。我們把丹尼爾的兩支手機、錢包、幾件衣服，以及他多年來用來逼我賣身的東西，全部丟進垃圾桶。

盧卡斯要我打給丹尼爾的老闆，通知丹尼爾不會再回去工作了。電話撥通，我用幾乎沒有情緒的聲音解釋：我丈夫已經永遠離開了這個家，我不知道他人在哪裡。

「真可惜，我們才剛打算給他一份正式合約……」對方在電話裡嘆息。

正式合約？幾天前，丹尼爾還信誓旦旦，說他的工作合約這個月底就會到期。這時我才明白，那又是一個謊言。丹尼爾早就計畫好了，只差最後一步：要讓我全職賣身，替他賺錢，也許還包括養活他女兒。我光想到這，就打了個冷顫，匆匆掛上電話。

「我們現在需要的，是去找一位社工。」盧卡斯在客廳裡大聲說出自己的想法。

他開始查資料，找到一家協會的電話。我打過去問，能不能有人來幫我。這句話我壓抑了太久，現在說出口竟讓我覺得陌生又顫抖：「拜託，我需要幫助。」

我們家來了一位社工，她坐下來聽我說。我第一次談起自己的人生，卻沒有感覺被評斷。我還說不出全部的事，但我說了我的恐懼，還有受的暴力。社工問我，是否想繼續住在博多蒙這棟房子裡。當然，那會比較容易，但我們沒辦法繼續生活在這種恐懼和偏執的氛圍裡。我們把所有的床墊都搬到客廳，大家穿著衣服一起擠在那裡睡，緊緊靠著彼此，就像一窩擠在籃子裡的小貓。丹尼爾的話語和動作，彷彿滲進了牆壁，留下了只有我們看得見的痕跡。他像還在這裡，令人無法呼吸。我們深信他一定會回來報復，把我們全都殺了。那股控制的陰影，讓我們無法思考，非搬家不可。

在找到新住處之前，我們暫時住在盧卡斯的母親家。迪倫則由喬安娜的祖母來照顧。

我開始寫履歷，當然，可說是一片空白。我三十五歲了，但這是我人生中第一次找工作。

我印了幾十份履歷，到處投遞：托兒所、商店、學校、安養院。我很快接到一家居家照護協會的回電，邀請我面試。我參加了筆試，最後順利錄取。我將照顧行動不便的人，幫他們採買、打掃、整理文件。我終於能夠為孩子以外的人做點事，也終於能真正做些自己的人生選擇，光是這個念頭就讓我打從心底感到喜悅。從小到大，我一直渴望這樣的機會。我在二〇一六年四月十日簽下人生第一份工作約。我至今都還記得這個日子，儘管對我來說，時間總是混亂。腦袋裡有太多空白、太多遺失的片段。但我知道，若不是如此，我不可能撐過這些年。

我接替不少工作，協助護士、準備餐點、幫年老或生病的人洗澡。和她們相處的時間讓我暫時得以放下傷痛。照顧她們的同時，也等於在修補自己。我開始相信，我真的有能力獨自撐起這個家。迪倫、凱文和卡琳在帕賴就學，厄萬則在迪貢完成小學五年級。我們愛著彼此，總算慢慢撐了過來。

幾週後的一個晚上，丹尼爾的其中一個姐妹打電話給我：「瓦蕾麗，妳還好嗎？有人說你們家已經好一陣子沒什麼動靜了，我還以為他對你們做了什麼可怕的事……」

「我跟孩子們在一起。我們都很好，別擔心。他走了。」

「那就好，希望妳離得遠遠的，千萬不能讓他找到妳……」

她停頓了一下，又接著說：「如果再過一陣子我還沒有丹尼爾的消息，妳應該明白，我得去報警。」

「我明白，做妳該做的事吧。」我回答。

這些年來，這是她第一次打到我的手機。

原來她早就知道，他有可能把我們全家都殺掉。她知道，卻從沒說出口，也什麼都沒做。

我反覆思索這件事，不知道該怎麼看待。如果還有別人也知道，卻一樣什麼都沒做呢？如果——其實大家都知道呢？

我們與盧卡斯的母親住在一起的那段時間，過得非常不好。她利用我們的困境，把我們當奴隸使喚。我們得負責買菜、煮飯、打掃，還要幫她付所有帳單，她每次開口要錢，我們都得給她。我、凱文、盧卡斯、卡琳和厄萬五個人擠在盧卡斯那間小房間裡睡覺。地上鋪滿了棉被和床墊，擠得水洩不通。所幸，這樣的日子沒有維持太久。不久之後，迪貢有一間公寓空出來，我們就全家搬了進去。我的孩子們漸漸抬起頭，總算是開始「活著」了。這個畫面，我永遠看不膩。我們彼此照顧，說話溫柔。我們成為一體，緊緊地聯繫在一起。再也沒人提起丹尼爾這個名字，而當非得提到時，也只會叫他「那個人」。

一有能力，我就替孩子們實現了養狗的夢想。卡琳愛上了一隻哈士奇，替牠取名叫卡蜜莉亞；凱文和盧卡斯則選了三隻混有邊境牧羊犬的斯塔福母狗，牠們是三姐妹，被取名為喬伊、公主和瑪拉。

十一月，我獲得了一份正式合約，開心得立刻答應。隔月我們再次搬家，搬到附近小鎮沙瑟納爾（Chassenard）一棟有花園的房子。那是孩子們在二手網站上找到的，連搬家事宜也都由他們張羅。那是一棟大房子，四周圍繞著一大片庭院，五隻狗可以在裡頭自由奔跑。厄萬也在我們二〇一七年一月搬進新家時養了一隻狗，名叫麥克斯，是一隻比利時瑪連萊犬。這些動物的陪伴讓我們安心，也讓我們覺得多了一層保護。

房子後面是一片草地。經常有男孩的朋友們來我們家玩，像是米卡埃爾、魯魯、西蒙，我收留了不少在家中得不到照顧的青少年。他們會帶東西來吃，很有禮貌，也盡力分擔我們的日常開銷。其中馬朗和盧卡斯幾乎天天待在我們家。漸漸地，我和盧卡斯越聊越多，關係也變得親近。他也曾受過毆打、辱罵和羞辱，我們都活在痛苦中，因此彼此扶持。我們之間有種特別的連結，能理解對方。有天晚上，他對我說，他喜歡我。對我來說，當然也是一樣。我們之間萌芽了一種情感，但那不是愛情。我感到孤單，非常孤單，我需要他的溫柔與關懷。盧卡斯給了我安慰，他無條件的支持讓我感到平靜。這聽來或許有些奇怪，甚至讓人難以理解，但這並沒有不正常。我女兒和他早已分開，沒有人對我們越走越近表示異議。

但幾個星期後，情況卻惡化了。盧卡斯告訴我，其實早在丹尼爾消失後沒多久，為了讓他母親願意收留我們，他不得不把事發經過全對她說，一個字都沒隱瞞。他很懊悔把這一切說出口。他和母親的關係一直都很糟，他害怕她會去告發我們。雖然其實他心裡很清楚，那遲早會發生。於是他開始放任自己沉淪，酗酒、抽菸，脾氣也變得暴躁又霸道，越來越難相處。最後他搬去和他堂兄大衛住，但還是常常會來找我們。

五月底那幾天，事情徹底失控。盧卡斯跟他媽媽爆發了激烈的爭吵。她從他口中得知，最近他又開始和父親聯絡，甚至打算申請改姓。氣氛瞬間變得更糟。我就在房裡蜷縮著，默默看著整場衝突。正當我們準備離開時，盧卡斯的媽媽舉起一盞燈，想往我臉上砸。盧卡斯試圖攔下，結果手臂撞破了一扇玻璃門，傷口很嚴重，流了很多血。

「我一定不會讓妳好過！我要去告發瓦蕾麗！」他母親一邊怒吼，一邊看著我們衝去急診室。

隔天，盧卡斯回去找媽媽道歉。那天是二〇一七年五月二十八日，正逢母親節。畢竟她是他在這世上唯一的親人。

但她拒絕見他，只說了一句：「從現在開始，我要毀了你的人生。」

隔週一，我們得知她整個早上都待在警局。我們面面相覷，一句話也說不出來。

一切終究得有個結束，現在，那個結局近了。

我下定決心，要親口對厄萬說出關於他父親的真相。時機到了。我們聚在卡琳的房間，孩子們像排隊一樣坐在她的小沙發上。我望著我最小的兒子：「媽媽有話要跟你說，**那個人**，不是走了，是我把他殺了。」

厄萬的淚水默默滑落，緊緊靠過來小聲對我說：「妳知道嗎，媽媽，妳做得對。我不怪妳，我永遠都不會怪妳。」

「聽我說，寶貝。警察很快就會來帶走我，但我保證一定會想盡辦法，讓你們兄弟姐妹能夠一直在一起，絕不會讓你一個人留下來。我一定不會拋下你。」

那年夏天，盧卡斯的堂兄告訴我們，警方正在拉克萊耶特村的森林裡展開搜索。現在，距離被發現只剩幾天。我著手安排離去，希望在我入獄後，孩子們仍能一切順利。我整理好所有文件和物品，確保他們不會身無分文、知道我平常使用的各種密碼，也懂得怎麼繳帳單。我在左前臂上刺了一個刺青，是一根羽毛，羽毛上飛出四隻鳥。羽毛是我，是他們的依靠；鳥兒是他們四個：迪倫、凱文、卡琳和厄萬，自由又快樂。這樣，他們就永遠和我在一起了。因為我不知道，我要被帶去的那個地方，能不能帶著他們的照片。

入獄、接受審判，為我做過的事負責，對我來說再自然不過了：我甚至感到如釋重負。但我仍為孩子們感到害怕，他們還這麼年輕，失去了我的照顧，他們真的撐得下去嗎？

我早就計畫好了，要把這個沉重的祕密說出來，把自己交出去。遲早有一天，我會再走進拉克萊耶特村的那間警局，向他們坦白我的一切。但在那之前，我希望迪倫、凱文和卡琳能先成年。其實已經快了，這對來說我意義重大：代表我能放心離開，知道他們都會沒事，知道這幾個哥哥姐姐會好好照顧弟弟厄萬。這一切，我在心裡反覆想過無數次。

但事情並沒有照我想的那樣發展——說到底，這輩子我從來沒有真正掌握過自己的人生。

第12章 承擔一切

我是在二〇一七年十月的一個清晨被逮捕的。凌晨六點，警察敲了家門，夜色中閃爍著警車的藍紅燈。我們立刻明白發生了什麼。我起床時已經穿好衣服，這幾個星期，我都是穿著衣服睡覺的。我們全都睡在樓上的同一間房裡：卡琳、厄萬、盧卡斯、馬朗，還有我。因為那份害怕被拆散的恐懼，始終沒離開過我們。

盧卡斯去開門，擋開吠個不停的狗。我緊緊抱著厄萬，他小小的身體還沉浸在睡意中：「時間到了，媽媽要走了。親一個，我愛你。」

我來不及和其他人道別，幾名全副武裝的警察衝進房間，其中一名當場把我銬上手銬。

另一名穿著防彈背心的女警，語氣冷硬地對我說：「妳很清楚我們為什麼來。妳將被拘留，我們會宣讀妳的權利。」

來自第戎特勤調查隊的數十名警察在屋內展開搜索。他們一間一間仔細搜索整棟房子。接著，他們將孩子們帶離房間，暫時隔離，然後把我們全都帶走。除了馬朗，他被搜身後獲准離開。

警方告訴我，迪倫和凱文也已經被逮捕。因為凱文還未成年，我必須簽署文件才能讓他聘請律師。手續辦完後，他們把我押上一輛沒有標識的車子，飛快地駛往帕賴警察局。抵達後，他們採集我的指紋，拍下我的臉與刺青，然後把我關進一間獨立牢房。房間勉強算乾淨，裡面只有一張長凳和一條毯子。我無法得知外面發生了什麼，眼前只有四面鋼筋混凝土的牆壁，中間一道門開著。

被拘留的兩天裡，偵訊從早到晚接連不斷。每次回答調查員的問題，我都哭得很厲害。這是我第一次毫無保留地說出自己的一生：從童年開始，談到性暴力，以及那段長達十八年的婚姻地獄。這是第一次有人願意真正花時間聽我說。對我來說，這就像一種釋放。

我在第一天就承認，是我殺害丹尼爾。第二天，我們一起去了森林，要我指認出埋屍體的位置。我已經無法入睡，甚至吃不下任何東西。我不知道現在是幾點，也不知道今天星期幾。我儘量保持整潔，用他們給我的濕紙巾擦身體、用口香糖代替牙膏刷牙。我又開始覺得自己像個機器人、像個殭屍，精疲力竭，比任何時候都更加迷失，但我已準備好要承擔一切。

*

在我身邊幾乎都是男性，不斷輪流審問我。他們的存在讓我感到窒息，我幾乎快要被他們的目光淹沒。而有時我感到非常沮喪，覺得根本沒有人相信我。

被拘留四十八小時後，我被帶往索恩河畔沙隆（Chalon-sur-Saône）法院，進入一位預審法官的辦公室。訪談結束準備離開時，警察再次將我戴上手銬。那一瞬間，絕望像浪潮般撲向我。

「反正我說什麼你們都不會信，對你們來說，他就是個大聖人……」

我沮喪地準備離開辦公室，這時我聽見一聲：「巴科女士？」

我回過頭，抬眼看著那位預審法官，只見她接著說：「妳放心，我已經看過調查送來的大部分筆錄，沒有人認為妳丈夫是什麼天使。」

我被帶離的途中，這句話一直在我心裡迴盪。她說的話直接打進我的心。有一絲希望，在我心中悄悄萌芽。也許，我終於能被當作一個真正的人看待，也許，有人會相信我。

二〇一七年十月四日，在出庭接受判刑法官審問後，我以「謀殺罪」正式被起訴，並收押在第戎的看守所，等待判決。

第13章 囚犯編號39 934

「祝妳好運，保重。」警察把我帶到一間像是緩衝區的小空間，幫我卸下手銬後便離開了。不久，女獄警朝我走來，要我把所有衣服脫光搜身。

「報紙上說的是妳嗎？這是妳第一次進來？」

我默默點了點頭。

她們替我拍了照，照片會用在我的磁卡上。這張卡能讓她們隨時掌握我在獄中的位置。接著，我簽了一堆文件。

我被分配到的囚犯編號是：39 934。

獄中的女子區就像是個獨立的小世界。讓我感到寬慰的是，這裡幾乎看不見男性的身影：我已經完全無法忍受男人，無法忍受他們的目光落在我身上。每當有男性靠近，我就會立刻離開房間。他們在場時，我總覺得自己處在危險中，彷彿連他們的氣味和聲音都在攻擊我。

入監的第一天，我領到了一件白底配粉紅小花圖案的睡衣，還有一雙塑膠拖鞋。這些是某位陌生人捐贈的入獄用品。

新來的犯人會先被安置在單獨的牢房，以便熟悉環境。我獨自待了大約十天，什麼也不做，只是茫然望著鐵門和那個小小的監視孔、廁所和洗手台那邊薄薄的隔板、上下舖鐵床架、掛在牆上的電視機、兩張塑膠凳、一張小桌子、一台迷你冰箱、一個破舊的衣櫃和一個已磨損的電熱爐，這就是我眼前的一切。我吃不下任何東西。女獄警們一再催促我要像其他人一樣去領餐，但我完全沒有食慾。為了不被發現，我把那些她們逼我拿的食物，偷偷倒進馬桶沖掉。短短兩週，我瘦了將近十公斤。

我整天躺在床上，除非有醫生、社工、精神科醫師或心理師的會面安排，否則幾乎不離開牢房。

他們的鑑定報告，列了一堆我不太懂的專業術語來描述我的狀態：**早期情感與教育缺失、過度警覺、廣泛性焦慮、日夜交錯的創傷閃回、恐慌發作、恐懼迴避行為，這些都證實我患有嚴重的創傷後壓力症候群。再加上長期被操控，被丈夫這個掌權角色所壓制的屈服，以及情緒的極度耗竭等等。**

我整天胡思亂想、一直哭泣，無論白天或夜晚都無法入睡。其他囚犯的叫聲此起彼落。那些男人大聲嚎叫向女子區喊話，女人們則用一連串色情呻吟回應。這一切都讓我極度震驚又恐懼。

女獄警們盡力安撫我，向我解釋監獄裡的各種規則。這裡的女獄警大約有十五人，囚犯們會替她們取綽號：像是笑笑、朵拉、滴答、還有梅耶太太。我們這區通常容納二十多位女囚，但因為人員進進出出，有時人數甚至會達兩倍。

我一點一滴開始習慣這樣的新生活，雖然真的很辛苦。想念孩子們讓我無比痛苦，我的思念就像一道撕裂的傷口。

「他們在哪裡？在做什麼？他們還好嗎？」

我完全沒有他們的消息，像這樣什麼都不知道，簡直是種折磨。

我眼睜睜看著我的第一位室友企圖自殺。當她得知暫時無法奪回女兒的監護權時，就一口吞下整把藥丸。在集體宿舍裡也好不到哪裡，你得時刻保持警覺。女孩們只要看到沒人看顧的物品，就會立刻下手。我連衛生棉都得一一寫上名字，才不會被偷走。

這裡的獄警與管理人員對我相當有人情味。她們對我的關懷，甚至比我的家人還要多。有時我們會一起坐下來喝杯咖啡聊聊。我對她們懷有深深的敬意，也滿懷感激。

在她們的陪伴下，我開始思考，也漸漸意識到一些事。我的人生彷彿換了個角度，變得略有不同。然後，在我入獄幾個月後，我收到了一封信，是來自丹尼爾最小的妹妹蜜蕾葉。

二〇一八年二月七日

親愛的瓦蕾麗：

我實在很難開口問妳過得好不好。我聯絡了記者，也告訴他們我那個哥哥到底是什麼樣的人。我不知道這會有什麼結果。

對我來說，妳才是那個真正的受害者。

對某些人來說，要指控自己的家人，真的很困難。但對我來說，既然知道他做過那些可怕的事，我不可能再什麼都不做、什麼都不說，那根本是不可能的。他當年對我姐姐莫妮克做的那些事，三十年來一直折磨著我。當年丹尼爾只關了兩年半就出來了，明明判了四年。我母親立刻打電話給我姐姐，要她趕快離開、躲起來，擔心她會有危險。又一次，是她得走。而他卻回到妳母親家，妳母親竟然若無其事地接納他，妳也被帶去和他一起住。真是難以置信，妳的母親居然還帶妳去監獄探望他。

那位母親根本沒保護妳，瓦蕾麗。其實應該坐牢的是她，因為她見死不救。悲劇就是從那裡開始的。如果現在有誰能替妳做點什麼，那就是她。她只要把一切說出來、作證，承認她當年沒保護妳。現在輪到她出面說明了，這是她的責任。但據我所知，她現在選擇躲起來不吭聲。我會持續關注這個案子，現在只能等待。而在這段期間，我希望妳堅強一點。如果妳需要什麼，別猶豫儘管告訴我。

法官們現在雖然知道妳的故事，但對他的一切還不完全了解。等到他們真正聽到他犯下的所有罪行，大家一定都會站在妳這邊。我把整件事告訴我的醫生後，他給我開了兩週的病假。我親眼看到他聽完後臉色整個垮下來。所以，相信我，到了法庭上，一定會有很多人因此震驚不已。

給妳一個大大的擁抱，

蜜蕾葉

丹尼爾的妹妹寄來的這幾行字，讓我深受震撼。像一場地震，在我心裡翻攪不休。在那段漫長又恐怖的婚姻地獄裡，我和蜜蕾葉其實從來沒有親近過。我們只在一些重要場合見過幾次面，也幾乎沒說過話。她寫下的那些話，代表著至少有一個人相信我。她知道我說的是實話，她理解我，知道我不是瘋了。這些話讓我鬆了一口氣，也多少還我一點尊嚴。

他們質疑我母親所扮演的角色，尤其是為什麼她任由丹尼爾強暴童年的我？為什麼她明明知道卻不說呢？為什麼堅持要我去會客室見他？為什麼他出獄之後，她竟然讓他搬回家住，明明他是因為對我做的事才被判刑的？為什麼我還未成年懷了他的孩子時，卻把我趕出家門？

是我媽媽把我親手交給了丹尼爾，那時的我，根本沒有任何能力反抗他的暴行。她把我的人生送給了他，她孩子的人生，她親生女兒的生命。而如今，我為了保護自己，卻成了那個即將被送上重罪法庭受審的人。她呢？她永遠不會因為自己所做的事，被法庭追究任何責任。這不公平，但現實就是如此。

大家都知道，卻沒有人說一句話。不論是我父親，還是我其他的家人。當我墜落、逐漸沉淪時，他們唯一在意的，就只有自己的名聲。只在意村子裡其他人會怎麼議論他們，從來沒有人真的在乎我。我只是個柔弱又聽話的小女孩，任何人都能隨意拿我來滿足自己。一開始是我自己的親哥哥克里斯多夫。接著是我母親的伴侶丹尼爾。對所有人來說，選擇視而不見、避免風波，比什麼都重要。要我不能鬧、不能掀起波瀾，永遠不要驚動他人，就算我因此死去也無所謂——只要我是安靜、禮貌地死去，不造成困擾就好。

蜜蕾葉在信中一點一滴向我揭露的那些事，我從來都不知道。丹尼爾曾經長期強暴他一個姐妹，害她一輩子都無法復原。他說她是他的女人，說她屬於他，是他擁有的東西。從青少年時期開始，他就經常毆打父母，整個家都被他嚇得發抖，唯命是從。大家都順從他那些瘋狂又貪婪的要求。他以前的伴侶們，也都在他身邊經歷過極其可怕的事情。

我在監獄裡度過的時間越來越長，隨著一次次的對話與反思，那層一直蒙蔽著我雙眼的迷霧，慢慢消散了。我開始意識到一件非常重要的事：也許，這一切……並不是我的錯。但從我還是個小女孩開始，聽到的卻一直不是這樣。如果別人打我，那一定是因為我做錯了什麼，因為我沒把事情做好，沒按照他們的方式。一切發生在我身上的災難，都是我活該。我不過就是個廢物、一個一文不值的人，連命都不值錢。

親愛的瓦蕾麗：

請允許我寫下這幾行字，希望能給妳一點支持。

我想跟妳談談那個變態、扭曲、失常的哥哥。感謝上天，如今他再也傷害不了任何人了。

我們無法真正設身處地去體會別人的遭遇，但妳這些年所經歷、所忍受的，實在是非人所能忍的。而不幸的是，沒有人真的感到意外。當我說「沒有人」，指的是我自己的兄弟姐妹。

我對那個哥哥最早的記憶，是在我大概八、九歲時。他那時已經讓所有人都活在恐懼之中。他會打我爸爸，其實該說是用拳頭、用腳狠揍，幾乎要被打爛。血濺得到處都是，連牆壁上也都是血。隔天，我看到我爸整張臉都被打得面目全非，還得靠著拐杖才能走路。後來，我爸爸上吊自殺了。我覺得那是因為他真的受不了天天被打。那時我才十歲，就再也沒有爸爸了。我光是寫他一個人，就能寫成一本書。而且我願意為妳出庭作證，親口告訴陪審團他到底是怎樣的一個怪物。

他毀掉了無數條生命：妳、妳孩子，還有我姐姐莫妮克的生命。他從她十一歲到十五歲，不斷侵犯她。還有更多人……

而他這輩子，卻只坐過兩年半的牢。這點代價，遠遠不夠償還他犯下的那些罪行。

我真心希望法國司法體系能彌補當年的錯，儘快還妳清白。

我送上全心的支持給妳，瓦蕾麗。

很快再見，請妳堅強。

蜜蕾葉

蜜蕾葉告訴我，當我還是小女孩的時候，就是她主動向警察通報了我的情況。有一天，她的其中一位兄弟，迪迪耶，突然來我們家拜訪。他聽見我的哭聲，立刻明白發生了什麼事。他回家後，把情況告訴了他的妻子和妹妹。蜜蕾葉思考再三後，聯絡了社會服務單位，舉發了自己的親哥哥。一開始，社福單位的態度相當消極，不太願意介入。但她堅持不退讓，因為她知道丹尼爾到底是怎樣的人。後來她和她的雙胞胎哥哥阿蘭一起報了案。警方展開調查，最後丹尼爾被判有罪，並因性侵我而入獄。

很多年後，蜜蕾葉告訴我：丹尼爾入獄那天，她和阿蘭一起去按我家門鈴，想要見我媽媽，並向她道歉，為他們沒能更早出手阻止而致歉。但門一打開，我媽媽滿臉怒容，立刻對他們破口大罵，根本不給他們開口的機會：「出賣自己兄弟，真噁心！你們這些人渣，一點尊重都沒有！」

蜜蕾葉和阿蘭見狀，選擇離開現場，沒繼續爭吵甚至動手。

「就是在那一天，我才真正明白，妳媽媽其實一直都知道，而且一直都容忍這一切……」丹尼爾的妹妹對我這麼說。

而我，直到三十七歲那年，在第戎看守所裡，我才真正體會這句話背後的分量：我媽媽早就知道。她本可以救我，卻選擇不做任何事。而身邊所有人，也都默默接受了這個事實，選擇睜一隻眼閉一隻眼。

「如果現在這個時代，一個遭受暴力與強暴的女人，要是能確定找警察就能獲得幫助，那她一定會去的。但可惜的是，即使到了二〇一八年，她們依然得不到幫助。我想，如果妳當時能夠相信那些警察會幫妳，妳也不會走到殺人的地步。妳竟然能在那個怪物身邊撐那麼多年，我心疼的是妳。」這是蜜蕾葉寫給我的話。

是她的勇氣，讓我感覺自己沒那麼孤單。我知道她開口談這些有多難，自從她打破了這個禁忌，家族中有一大半的人都與她斷了關係……

*

我對於自己殺了丹尼爾這件事，當然感到深深的懊悔。我沒有一天、任何一個小時不在想這件事。我終結了一個人的性命。這件事纏著我揮之不去，讓我時時刻刻都感到痛苦，從未有片刻喘息。是那些情境，讓我變成了一名罪犯。事情本不該發展到這一步。我只是想保護自己，保護我的生命，還有我孩子們的生命。對我來說，從來沒有什麼比這更重要。一切本來可以不必變成這樣。

我從未想過要逃避責任，我清楚自己做了什麼，接受審判是理所當然的。我全然信任這個國家的司法體系。我只希望在審判的過程中，能被理解，能被當成一個人對待。

這個社會的狀況必須改變，而且要快。為了那些還在沉默中受苦、隨時可能被伴侶或丈夫毆打致死的女性。這樣的情況已經太久了，不能再繼續視而不見。我們需要幫助，在還沒被逼上絕路之前，就有人能幫助我們掙脫控制與壓迫。

至於我自己，我已經不再期待什麼了。自從丹尼爾不在後，我努力假裝生活恢復正常，但老實說，什麼都沒變。我依然害怕，他那命令的聲音仍不斷在腦中迴盪。我總覺得他隨時會出現，遲早會回來把他沒做完的事做完。

來殺了我，還有我的孩子們。

在我腦中，丹尼爾仍然活著。或許我讓他從這世界上消失了，但他早就奪走我的一切。我感覺自己徹底被打垮、被擊敗。我現在只剩下一具空殼，他在我體內摧毀了一切。我胸口只剩下一個無法填補的巨大空洞。

第14章 不再孤單

監獄有它固定的節奏，我從來不曾真正獨處。獄警們說我表現良好，是個「好份子」，她們會交給我一些雜事。我會刷油漆和修東西，也會幫忙洗衣、發餐。我需要讓自己一直有事做，才不會胡思亂想。我最害怕夜晚的到來，失眠是永無止盡的折磨。我幾乎無法闔眼，無法真正休息。我在牢房裡來回踱步，活動手腳，看著電視，就這樣繞著一圈又一圈。

在我那張鋪著薄薄床單與粗糙毯子的床鋪四周，我貼滿了孩子們的照片，還有他們親手畫的圖與母親節卡片。我總共貼了將近三十張（就像護身符一樣）這些都是他們寄來的信裡附的。

十月，我的第一位探視者，是我弟弟傑羅姆。我被逮捕後，警察曾問我，有沒有想把孩子們託付給誰，那時我只想到他。而他當時堅決拒絕承擔孩子的照顧責任，所以這次他出現在這裡，我有些驚訝。

「聽著，我知道妳受過很多苦。我想過了，我可以出庭幫妳作證，但前提是，妳必須答應不提我們的媽媽，還有克里斯多夫的事。」

他的要求，像一記當頭棒喝。我到底在期待什麼？我們家最重要的始終都是維護門面，守住那所謂的「名聲」。我站起來震驚地看著他，然後轉身走開，沒有遺憾。對這個試圖讓我噤聲、卻從不打算支持我的兄弟，我只剩下冷漠。

沒過多久，在會客室裡，我見到了迪倫和喬安娜。我整個人顫抖著衝進兒子的懷裡，緊緊抱住他，淚水止不住地流下來。我的長子現在還是住在他女友外婆家，他們相處得很好。他們也帶來了其他孩子的消息：凱文被安置在布雷斯地區布爾格（Bourg-en-Bresse）的一間安置機構，直到成年為止；卡琳與厄萬則被分送到穆蘭一帶的兩個不同寄養家庭。儘管我曾那麼努力，也做出承諾，但我的孩子們終究還是被拆散了。我只能安慰自己：至少他們都還算平安，還能撐得住。

每一次探視對我來說，都是一口活命的氧氣，能讓我撐好幾天。會客時間只有短短四十五分鐘，每一次都覺得不夠，永遠太短。卡琳和厄萬提出了無數次申請想來見我，但總是因為各種理由被拒絕。在監獄裡，一切事情都變得無比複雜。我一年內只見過女兒三次；我的小兒子，更是只來過兩次。

我每天都寫很長的信給他們，告訴他們我很好，讓他們安心，也提醒他們該做什麼。我的信會先經過獄警審閱，然後再交給法官過目，孩子們常常要等很久才收得到。六個月後，二〇一八年三月二十八日，也就是凱文滿十八歲的那天，自我入獄以來，我第一次見到他。我們重逢的那一刻，情緒激動到無法用言語形容。

有兩位年紀較長的女士，是我過去從事居家照護時照顧過的，也寫信給我，甚至親自來到監獄看我一會兒。我又驚訝又感動。我原以為自己早就孤立無援，卻沒想到還有幾位願意支持我、伸出援手的人。有位曾經和我孩子就讀同一所學校的孩子的母親，也寫信告訴我：她已經聯絡了兩位專門處理女性暴力案件的律師，如果我願意，她們可以為我辯護。我如釋重負地接受了，並開始把自己的故事寫在紙上，好讓她們在見我之前就能了解全貌。她們看完我的信後，博納喬塔與托馬西尼告訴我，她們願意接下我的案件。她們將陪我面對接下來那一關——現場重建。那是一個極為艱難、而且令人痛苦的過程。

某天早上，我被從監獄帶出來前往森林。當我遠遠看到我們那輛停在林間的休旅車時，一陣恐慌瞬間襲來，讓我整個人癱住。那股恐懼還在，毫無減退，彷彿丹尼爾就站在那裡。我必須用盡全力讓自己冷靜下來，集中注意力，重新演出那一連串將一切引向最糟結果的動作。我一遍又一遍地在心裡低聲告訴自己：「現在不會有事的。」可我仍無法自己爬上那輛車的後座。是一位女警代替我上車，以緩慢的分解動作，模擬出那場致命場景的經過。我們還必須與孩子們一起，重現掩埋丹尼爾的過程，之後，我也將與盧卡斯的母親進行對質。

我以前住在博多蒙的鄰居珊卓琳有時會來探監。有一次她告訴我，她幫我打聽過，如果有需要的話，當地一間道明會修道院的修女們願意收留我。她們認識我，所以主動提出這樣的幫助。在我做照護工作時，我曾替其中幾位修女穿衣、洗澡、照顧生活起居。於是我著手提出申請、辦理相關程序。但這會是漫長又複雜過程。我也很清楚，考量到案情的嚴重性，這樣的申請被核准的機率非常低。我完全明白，在即將到來的審判中，有可能會被判無期徒刑。我只是希望能有所準備，把自己的事處理好，好讓那一天到來時，一切都已安排妥當，不會讓孩子們面對太多混亂。如果能短暫重獲一點自由，或許我能更平靜地去面對往後被剝奪自由的漫長日子。

一次聽證會排定在二〇一八年九月二十六日，那天剛好是卡琳的十七歲生日。這會是某種預兆嗎？法官聽了我與律師們的陳述後，裁定我可在等待審判期間，以司法監督的形式獲釋。她認為我提供了所有必要的保證，也不構成對社會的任何威脅，這一點在我的精神鑑定報告中也有明確說明。我一開始根本不敢相信，這簡直像個奇蹟。這位女法官願意把我當一個人看，她理解我！我終於遇見願意伸手幫助我的人。我馬上從看守所打電話給女兒報喜，電話兩頭的人都哭成一片。

但我的喜悅很快就被打斷。檢察官隔天便對這項決定提出上訴。我一開始非常沮喪，但律師們鼓勵我也提出上訴。最後，將由另一個法院來作出最後裁定。十月十日，在第戎，一組新的司法官員出現在我面前，一位新的女法官，一位新的檢察官。這次面談，我已經死心了。我的腳邊放著幾個袋子，裡面裝著我所有的私人物品。我已不再抱任何希望，準備好再度回到牢裡。我全然交付給我的兩位律師辯護。她們提到了我的殺人行為是極端情況下的反擊，以及修道院的安置安排、未來接受培訓的可能性。調查已接近尾聲，證人證詞也已確定封存，我不可能再去影響或施壓。

我的律師雅寧與娜塔莉終於成功說服了法庭。我得到了以自由身分出庭受審的機會，前提是必須嚴格遵守司法監督條件：不得離開所屬行政區，且每週都必須到警局報到一次。通知我這項決定的法官，露出一抹溫和又真誠的微笑。我走出法院時雙腿發軟，根本還無法相信這一切是真的。喬安娜和她的外婆妮可已經在外面等我。我的兩位律師神情輕鬆、充滿喜悅，帶我們去市區的一間酒吧，慶祝這個時刻。

二〇一八年十月三日，在第戎看守所待了一整年之後，我終於走出了監獄的大門。

第15章 修復破碎的事物

那天早上，珊卓琳開車來接我出獄。我向獄友們道別，也向獄警們道謝。我拿回自己的物品，在她們的鼓勵中走出監獄。外面的天空飄著雲，天氣陰晴不定。我們一路沉默無語地駛向修道院。我讓自己被帶著走，有些恍惚、茫然。

重新拾回一點點自由，其實並不容易。走出來之後，我很害怕。我感覺自己渾身不自在，完全沒有安全感。一位修女帶我到我的房間。這房間的大小，和我前一天在第戎的牢房幾乎一模一樣，大約三坪左右，不過這裡只有我一個人住。我看到自己的床邊，有個櫃子可以放東西，洗手台上方有面鏡子，還有張小木桌、幾個層架與另張桌子。浴室和廁所在走廊上，房間簡樸、甚至有點空，但非常乾淨。這棟老建築，原本就是用來接待參加避靜退省的朝聖者的。規矩很嚴：不准打電話、不准製造任何聲音。我把孩子們的照片掛滿牆壁各個角落，好讓這個空間多點溫度，也讓我不那麼孤單。夜裡，我有時會聽到道明會修女們的祈禱聲，透過牆壁傳來。

前幾天格外艱難。我竟然開始懷念監獄裡那種讓人安心的日常規律。在這裡我感到無助、沒用、極度沮喪。每次外出對我來說都是一場考驗：當有男子的目光落在我身上時，我就會開始顫抖，然後忍不住落淚。問題就在那些眼神裡，我總覺得自己額頭上像是寫著「妓女」，好像大家一看就知道，彷彿所有人都準備性侵我、拿我來發洩。我一次次陷入恐慌，幾乎整天困在修道院裡不敢出門。修女們和我住在不同棟，也都在她們自己的區域一起用餐。沒有人強迫我參加彌撒，但我必須每十五天告解一次，而且只要她們認為需要，我就得接受驅魔儀式。我甚至連自己出門去買點生活用品都做不到。「沒事的，不會有事的……」我一遍又一遍地低聲重複這句話，但還是無法相信自己安全了。

有一次，就在丹尼爾死後幾個月、我尚未入獄的那段時間，我在街上偶然遇見了森林裡的某位老客人。他是個高大壯碩的光頭男人。我試圖避開他，匆匆走進最近的一間店，但還是沒用。從那以後，他開始騷擾我、開車跟蹤我，還常常在我和孩子們住的房子外徘徊。每當他出現，我就把自己反鎖在浴室裡，全身顫抖，害怕他闖進來傷害我。有天下午，我實在嚇壞了，束手無策，便打電話給凱文、盧卡斯和馬朗，請他們趕來幫忙。看到他們出現，那男人才終於逃走。我的心跳，過了很久才慢慢平復下來。

漸漸地，我開始摸索出一些應對的方法：出門買東西時，我會打電話給孩子們，也會聽音樂來隔絕外界，讓自己安定些。我大部分時候都低著頭走路，只敢看地上。但至少我願意出門了，就算是種進步。我必須得往前走，不論多困難，因為我沒有退路。

我到就業中心登記，很快也開始參加職訓課。我們這組參加的人大約十位，只有一位是男性。我特意與他保持距離，整體氛圍還算順利。十月時，我在迪貢的一間石膏板公司實習了十五天，接著又在沙羅勒的一家小企業做油漆與石膏牆工程的實習。這間公司給我三個月試用期，好讓我學習基本工法：像是用批土抹平牆面、貼壁紙，還有鋪玻璃纖維布……我學得很快，也非常喜歡這份工作。他們後來為我提供一份正式工作合約。我全力以赴，無論是老闆還是客戶，都給我很多讚美與鼓勵。

我熱愛這份工作，因為它的本質就是「修復那些破損的東西」，是為那些殘破不堪的表面賦予第二次生命，我清楚這其中的象徵意義。在工作時，我很專注，什麼都不去想，這讓我感到踏實而自在。我們這間公司員工大約有二十人，女性不多，但我總是和同一組人搭檔。在這個團隊中，我感到安心、可以信任他們。我漸漸適應，也為自己建立起一套安心的日常節奏。

我每天清晨就起床，準備好後前往公司。

早上，我會提早一點到現場，靜靜等公司開門。我們早上七點開始工作，我會領到當天的工作行程，把當天需要的工具放進公司車裡，開車前往施工地點，從早上一路工作到中午。我會直接在工地上吃午餐，不是一盒鮪魚罐頭，就是事先準備好的簡單便當，然後繼續工作到下午五點。下班後，我會趕緊去洗澡，把手上、甚至頭髮裡那些細小的油漆碎屑刷乾淨。然後，我會好好和孩子們相處一會兒，再回到修道院過夜。

每個月我會去帕賴看一次心理師。我們會面對面坐著，中間是一張低矮的小茶几。我的右手邊有張小桌子，擺著一盒紙巾。我們會一起談起我反覆出現的惡夢。我夢到那些威脅、夢到丹尼爾朝我丟東西。我夢到他試圖殺了我和孩子。而我拼命想保護他們，卻始終做不到。

我努力想不再害怕他，不再受他的目光控制。心理師告訴我，我給了他太多力量，以至於他已經死了卻仍在精神上操控我。她說我該學會接受、放下對抗，但我真的辦不到。她經常對我說：我必須停止說服自己，一切都是我的錯。

我慢慢能沒那麼恐懼地走在街上了。我試著說服自己，男人也沒那麼可怕，儘管我仍會避免和他們相處。但丹尼爾依然糾纏著我，沒有絲毫減弱。大家常說是時候該「重建自己的人生」了。但，要怎麼做？對我來說，他還活著，對我的控制從未鬆動。我仍舊懷著一模一樣的恐懼，做著同樣的反應。好幾年過去了，我還是會下意識檢查浴巾是不是折成他要的樣子，還會確保廁所的衛生紙照他喜歡的方向放好。這些微不足道的小細節，卻構成了我整個人生。我腦子裡還是聽得到他的聲音，讓我無法入睡。想到自己也許永遠無法擺脫這一切、甚至可能因此瘋掉，這種恐懼讓我幾乎要崩潰。但我還是堅持拒絕吃藥：因為我小時候看過媽媽吃藥後的樣子，太可怕了。我不想讓我的孩子看見我變成那樣。怎樣都行，但絕不能變得像她那樣。

很少人能真正理解，但丹尼爾的確摧毀了我全部的意志。我第一次見到他時，才十二歲，直到他死的那一天，一切都還是他說了算。這些年過去了，我依然沒辦法建立對自己的信心，也不確定這輩子是否能真正建立起來。我甚至沒辦法決定想吃什麼、想看什麼節目。我就像他還在身邊一樣活著。我知道，對大多數人來說，這聽起來實在太荒謬了。我總是擔心自己會做錯、會選錯，彷彿丹尼爾就藏在暗處監視我，隨時都可能出現。正因如此，我才如此需要工作，需要讓自己忙碌。當一切變得安靜、沒事可做時，那些羞辱的話就會湧上心頭，那些丹尼爾多年來不斷對我重複的話語又會在耳邊響起。到底要怎麼擺脫這種掌控？我內心什麼都沒變。就連別人給我一點建議，我也常常會下意識當成命令，甚至是攻擊。所有那些舊反應、舊習慣就會立刻浮現，讓我覺得自己必須服從。我拼命與這種狀態抗爭，因為我無論如何都不想再變成從前那個我。這就是為什麼孩子們有時會笑著說我有點難搞。

要如何繼續往前走，我真的不知道。有人告訴我，我已經有一份穩定工作、有幾個懂事又漂亮的孩子，現在已經沒有危險了，我應該感到驕傲才對。這些話我聽見了，但我的感受卻完全不是這樣。在別人眼裡，我看起來好像沒事了，我會笑，也會裝作沒事，就像我一輩子都在假裝的那樣。但我內心早已空空如也，一片破碎。我多麼希望有一天能真正跨過這一切。能像把錄影帶倒回去那樣，改寫這部電影的結局。能夠站出來說：「我做到了，你再也傷害不了我，也沒辦法再控制我了。」

*

當我輾轉難眠時，我就會想到我的審判。我渴望接受審判，渴望一切有個定論。不知道結果，是件煎熬的事。我需要一個前進的方向，而這個方向，就是我的判決。那是將在索恩河畔沙隆重罪法庭前的五天，社會將會要求我講述我的故事。這是一道關卡，我既害怕，但也希望它能帶來救贖。這將會是我和丹尼爾之間的另一場對決。我想，也許這是最後一次，讓我終於能將他從心中抹去、將他從我的生命裡驅逐出去的機會。我由衷希望如此。我並不害怕司法，我害怕的是他，與他之間的抗爭仍在繼續。對我來說，一切還沒結束。審判之後，我希望能真正翻過這人生中最陰暗的一頁。

人們真的能理解我嗎？我的聲音真的會被傾聽嗎？他是否依然有能力傷害我，讓我在監獄裡結束餘生？我可以預料自己會被關進去，也沒打算逃避，但會被關多久呢？我不只是個受害者，我也殺了他，應該為此受罰。但如果刑期非常重，對我而言，那就等於在說他有權那樣對我，等於又一次為他背書。這些問題，還有其他更多問題，那時都佔據了我大半的思緒。

我很清楚，我的家人（爸爸、媽媽，還有兄弟們）在法庭上絕不會替我說半句話。我試著讓自己有點心理準備，但我知道那幾天會非常折磨。他們從來沒有保護過我，現在也不可能會。他們只會說什麼都沒看到、什麼都不知道。甚至可能會說，全都是我的錯。到時，我只希望自己撐得住最後的判決。一年牢獄的日子就已經夠久了，那種感覺像是有塊鉛壓在心頭。身陷囚籠，人會把自己封閉起來，封閉到一種幾近荒謬的地步，連看事情的方式也變了。那段被關在拘留所的時間，徹底改變了我。

這幾個月，我把自己的事都準備好了，要是必須離開很久，至少孩子們的生活能順利一點。但他們完全不肯談我可能離開，大家都選擇裝作這件事不存在。彷彿所有事都已經結束了。

也許對他們來說是這樣吧。

但對我來說，遠遠還沒。

第16章 說出口的勇氣

其實所有人都知道。或者說，大家心裡多少都猜得到，我家經歷了什麼。那些毆打、被視為理所當然的暴力、日復一日的羞辱。這些構成了我的生活，一種根本稱不上「生活」的存在。真正試著理解我、幫助我的人根本少之又少。我並不是在怨懟，只是認清了事實：除了極少數例外，大多數家人和身邊的人，全都放棄了我。太多人選擇睜一隻眼閉一隻眼，因為這樣對他們來說比較輕鬆。反正，把我跟我的孩子丟著不管，他們也照樣能過得好好的。

這幾年來，我終於能退一步去看曾經的自己。現在，我想對那些正經歷我曾走過痛苦的女人們說一件事：「這不是妳的錯」。請妳相信我，就算妳的伴侶一直告訴妳相反的話，請也不要懷疑。最困難的，是擺脫那種被奪走思想，幾乎像被人移除了大腦的感覺。妳是有價值的，不該被羞辱、辱罵、甚至死亡威脅。如果他打妳，問題不在妳，在他。要走出來，得先能開口說話。要找到對的人，能傾聽妳、不評斷妳，也不會讓妳陷入更大風險的人。我知道那有多難，我知道要鼓起多大的勇氣，才能揭發自己的伴侶，尤其怕會連累孩子，甚至擔心自己也會沒命的時候。

這幾年，家庭暴力這個話題已經不再那麼禁忌。但還是有太多女人（還有一些男人）依然倒在拳腳之下。什麼「**打是情，罵是愛**」，根本就是騙人的。真正愛一個人，是不會打，也不會踐踏對方的。妳的人生是自己的，妳孩子的人生，是他們的。千萬別讓任何人，把這一切捏在手心裡。

「為什麼不早點離開，非得等到出人命？」我常常聽到這個問題。但我認為，只要沒經歷過那種生活，就很難真的理解。會這麼問的人，其實是站在隔岸，站在比較安全的那一邊。當妳的日常就是毆打、威脅、辱罵、羞辱，思緒最後就會停擺，無法再正常運作。妳會把自己縮回去，只想盡可能地保護自己。那時候，已經不是理性與否的問題了。妳的伴侶會設法孤立、洗腦妳。久而久之，妳會開始相信他說的每一句話。會說服是自己有問題、活該遭遇這一切，而不是他的錯。從外人眼裡看來，我知道這一切聽起來可能很荒唐。但妳身邊的人多半會選擇把這當成單純的「感情問題、覺得那是你們兩個人的事」。因為裝作沒看到比較簡單。有些人是因為懦弱，有些人是沒那個力量，還有些人就是冷漠。他們會漸漸遠離，斷掉跟妳的聯繫，好讓自己不用面對眼前這個讓他們不舒服的狀況。他們不想知道，也從不試著站在妳的立場想一想。可其實，如果想要真正幫一個人脫離這種處境，該做的應該是完全相反的事：讓她知道你還在，依然會陪著她，不管發生什麼事都不會離開她。讓她明白，現在的狀況不是正常的，而當她終於有勇氣開口的那一天，你一定會在。要能跨出那一步，需要有支撐、有後盾。靠一個人，是辦不到的。

國家的角色，其實也非常重要。法律還需要再進一步修正，要能給女性更多保護。我曾經想了很多，也問了自己很多問題。直到現在我才真正明白，我的故事，是許多體制失靈交織出來的結果。如果一切當初都能照規矩運作，今天的這一切根本就不會發生。丹尼爾有一個姐妹曾鼓起勇氣，向社工揭發他性侵。那段時間，他確實被關進了牢裡。可接下來發生的事合理嗎？社會怎麼會允許讓我媽媽親自開車，把未成年的受害女孩送去探監，見那個曾被判定性剝削她的大人？很多年後我才醒悟過來，那天，我根本不該出現在那裡。丹尼爾入獄後，社會福利機構指派一位輔導員給我。兩年裡，他只偶爾來家裡「禮貌性」地拜訪一下，問我媽媽一句：「一切都還好嗎？」卻幾乎不跟我講話。在那樣的事發生之後，最合理的做法，應該是把我從媽媽身邊帶開、安置在寄養機構裡。但什麼事都沒發生，很快，一切又再重演一次。後來那位負責我案子的少年法官，也沒有更關心我的情況。再後來，警察甚至兩次拒絕接受孩子們的報案。每一個環節都出了問題，到處都有疏漏。更糟的是，有不少人根本不在乎我會變成怎樣。

第17章 一切本來可以不一樣

在等待判決的這段日子，我盡可能多陪著孩子們。我很開心能看著他們長大，變得更有想法、更有自己的樣子。沒有他們，我根本撐不過那些曾經歷的一切。我一直都盡我所能地為他們付出，而這一點，永遠不會改變。他們讓我有了活下去的力量，在我瀕臨崩潰的時候，讓我撐下去。

從第戎的看守所出來幾個月後，我在右手臂刺了幾顆星星，每一顆都代表一個孩子，還有一顆是給自己的。我想用這個方式，記下那段艱難但也讓我變得更堅強的人生階段。每當有人問我這些刺青是什麼意思，我就會說：「這是我的人生，還有我的孩子們。」

我還請刺青師用漂亮的書法，在我的皮膚上刻下這個字：「family」，還有一句歌詞，出自一首關於家暴的歌，那句話當時深深打動了我：「寧可帶著懊悔活著，也不要留下遺憾。」那首歌講的是一個女人死在自己伴侶拳腳之下的故事，因為沒有人願意出手幫她。那也是我的故事，更是我原本可能的結局。

至於那些丹尼爾強加在我身上的刺青，我一直盼著能早點遮住，把它們從我的皮膚，還有我的記憶裡徹底抹去。這大概不容易，但他刺在我身上的名字，等判決結束後，我打算用玫瑰和陰影蓋掉。對我來說，那是一種奪回身體主權的方式，一個重新翻頁的開始。

我現在最大的夢想，就是能和我的孩子們住在一起，身邊圍繞著孫子孫女。我的大兒子迪倫，在二〇一九年十二月三十一日第一次當了爸爸，迎來了小女兒迪安娜。我今年三十九歲，已經當阿嬤了！

我希望有一天能住在鄉下，一間老舊的農舍，與世隔絕、沒有鄰居，院子裡有幾隻狗自由奔跑。我會自己動手整修那棟房子，從地板到天花板，什麼都學、什麼都做。

其他的我不奢望，就只想過一種簡單、平靜、安穩的生活。我真的很需要那樣的生活，需要覺得自己是安全的。如果可以的話，我還希望能對別人有一點幫助。等我的判決結束、刑期服完，我夢想能到國中、高中去演講，到學校分享我家暴的經歷，讓年輕人知道什麼是正常的、什麼又不是。我那時候真的很需要有人來幫我好好分辨這些界線，哪怕只有一點點預防意識也好……

等我還清對社會的債，我想加入一些協會，也許哪天我就能幫別人避免重蹈我走過的路。我一直靠著這個念頭撐下去。如果我們真的想打破沉默、讓事情改變，那就得花時間去說、去解釋。這就是我現在努力在做的事。只要有可能，我都會說出來。就算對我來說，依然很不容易。

＊

「反正她要是又回去了，那就是她自己愛被打啊！」

這幾個月，我有了一個新同事，席瑞爾。他四十出頭，身材壯實，是葡萄牙裔，手上戴滿戒指、身上打了不少洞。那天我們在帕賴的一棟房子裡施工，正在整修那裡的房子。中午過後，我們放下工具準備吃飯。

席瑞爾之前已經幾次在我面前提到他的小姨子。他說話時雖然不是對著我，但那些話讓我覺得，她應該是正在被丈夫家暴。而剛才那句話，像巴掌一樣打在我心上。我不確定那是憤怒嗎？但我能感覺那股情緒一瞬間衝上來，我最後還是忍不住開口了。

「你怎麼會有這種想法？這是什麼爛觀念？你那些話太荒謬了吧……」

我轉身走出房間，不想跟同事起衝突，但那句話還是脫口而出了，根本沒多想。我躲到一邊啃著三明治，一邊心裡煩亂不安。整個下午邊工作邊胡思亂想，我腦子裡全是那個我根本不認識的女人。幾個小時後，我趁著休息時間走向席瑞爾。

「你有空嗎？兩分鐘就好。」

他有點驚訝，不過沒說什麼，跟著我走到旁邊比較不引人注意的角落。

「你今天早上說你小姨子的事……我真的不懂你怎麼會那樣想。你與其在那邊取笑她，為什麼不試著幫幫她？」

「我試過啊，她還在我們家住過一陣子呢。她說是想離他遠一點，可她每次都還是回去，所以我也不想多說了。」

「你有想過她可能是怕孩子跟自己出事嗎？那你後來做了什麼？」

「沒做什麼啦。我們也不去找她了，根本沒用。」

「所以你就讓她一個人去面對那堆爛事……」

我的手在發抖，完全控制不了。我好想讓自己冷靜下來、恢復鎮定，但我卻開始哭了出來。我轉身上樓，想找個地方緩一緩，把情緒壓回去。席瑞爾那時不明白我為什麼反應這麼大。當天傍晚我們下班時，他也沒有再多說一句話。

幾個星期後，有天早上，他走來找我。

「我可以跟妳說句話嗎？」

他先是低頭看了一下地板上的塑膠地磚，然後才看向我。

「我……我聽說妳的事了。我只是想跟妳說，我沒有要批評妳什麼。妳是我同事，就跟大家一樣。我現在比較能理解妳那天為什麼會生氣了。反正我們之間沒事吧？」

我愣了一下。原來他們知道了？那些每天一起工作的同事，這些月以來我每天都會見到的人……他們知道我做過的事？我其實早就想過這個問題，只是一直以來，從沒有人敢在我面前提起。

「我沒有生氣，席瑞爾。我只是……在努力理解一些事而已。」

從那次簡短的對話之後，我和他之間變得有些不一樣了。從此以後，每天早上我們都會握個手，彼此多了一份尊重，也多了一點理解。我有點遺憾，我們沒能更深入地談談，但那個場合也不太適合講太多。

我只是希望，我的故事能讓他真的想一想。也許他後來會試著重新聯絡他的小姨子，讓她知道她不是孤單一個人。也許他會在她真正準備離開的那一天，站在她身邊。因為所謂的「控制」，其實就是一種對自我的剝奪。太多人，就像席瑞爾那樣，因為不知道該怎麼辦，最後選擇閉上嘴、不再碰這個話題。他們寧可維持自己原來的立場，覺得我已經幫過一、兩次了，還能怎樣？反正到頭來，也改變不了什麼。

可如果那時候，有一個人能讓我靠一下，如果我不是這麼孤單……我一定會更早醒過來。

一切，早就會不一樣了。

致謝

我把這本書獻給我的孩子們：迪倫、凱文、卡琳，以及厄萬。謝謝你們給我的支持、陪伴，還有理解。沒有你們的愛，我什麼都不是。是為了你們，我才撐得下去。

迪倫，我以你為榮。別害怕，打開你的心，迎接這個世界。我們已經不再被困住了，去生活、去感受，去成為你真正的樣子吧。你可以自由地去任何地方，做任何想做的事。你會成為一位了不起的爸爸，我深信不疑，請你也別懷疑自己。

凱文，學著去相信他人，儘管你經歷過那麼多。不要把所有事都扛在自己身上，也永遠不要忘記，我會一直在這裡支持你。你永遠不會是孤單一人。也要學著相信自己，你很聰明，就算你在學校曾經有過困難，你依然是個溫柔、可靠的人，有著無數珍貴的特質。謝謝你為厄萬做的一切，謝謝你這樣照顧他。

卡琳，祝妳在學業上堅持下去，就算這條路很難走，妳也一定辦得到。緊緊抓住妳的夢吧，我相信妳。妳一直在進步，也變得更溫柔、更有韌性，我知道妳付出了多少努力。再多打開妳的心，一切都會沒事的，有我在。

厄萬，要學著表達自己、相信自己，不要什麼事都悶在心裡。你並不笨，別再這樣看自己了。你是家中最小的，我們一直努力想保護你，但從來沒想要把你排除在外。就算你跟丹尼爾姓同一個姓，你也不會變成他那樣的人。你會成為你自己想成為的樣子，不會由別人決定。如果等你十八歲時，你還是希望換掉那個姓氏，我會很驕傲地把我的姓給你。

獻給我親愛的小孫女迪安娜，我全心全意地愛著妳。

獻給喬安娜與她的家人，謝謝你們的幫助；也謝謝蘿琳與昆廷。謝謝你們願意陪伴在我孩子們身邊。你們就是我們唯一的家人，我希望這個家，是美好而緊密的。

獻給所有曾經支持過我們、幫助過我們的人。

獻給蜜蕾葉、阿蘭、莫妮克・波萊特。我知道這一切對你們來說很難，但你們已經做了你們能做的一切。你們有勇氣開口說話，沒有選擇裝作什麼都沒發生，這一點，我永遠不會忘記。

獻給瑞金、珊卓琳、凱文。

謝謝克萊門斯・德・布拉西陪我一起完成這本書的寫作。我希望它能對別人有所幫助。

謝謝至聖玫瑰修道院的修女們，謝謝妳們的接納。謝謝我的老闆和同事，你們知道我說的是誰，謝謝你們一直都以平常心看待我。

謝謝第戎女子看守所的女獄警與主管們，謝謝妳們讓我重新認識了很多事，也一步步教會我如何重新生活。

謝謝我的兩位律師：兩位堅強的女性，博納喬塔與托馬西尼。

獻給所有像我一樣，默默承受暴力的女性。我真心希望，這個社會能在這件事上有所改變。妳正在經歷的，絕對不是妳的錯。要理解這一點，是擺脫控制的第一步。

一起來　0ZLI0003

視而不見

TOUT LE MONDE SAVAIT

作　　　者　瓦蕾麗・巴科 Valérie Bacot
譯　　　者　林　嶼
主　　　編　林子揚
責 任 編 輯　鍾昀珊

總　編　輯　陳旭華 steve@bookrep.com.tw
出 版 單 位　一起來出版／遠足文化事業股份有限公司
發　　　行　遠足文化事業股份有限公司（讀書共和國出版集團）
　　　　　　231 新北市新店區民權路 108-2 號 9 樓
　　　　　　02-22181417
法 律 顧 問　華洋法律事務所　蘇文生律師

封 面 設 計　高郁雯
內 頁 排 版　新鑫電腦排版工作室
印　　　製　通南彩色印刷股份有限公司
初 版 一 刷　2025 年 9 月
定　　　價　380 元
I　S　B　N　978-626-7577-65-3（平裝）
　　　　　　978-626-7577-61-5（EPUB）
　　　　　　978-626-7577-62-2（PDF）

Originally published in France as:
TOUT LE MONDE SAVAIT by Valérie BACOT

國家圖書館出版品預行編目（CIP）資料

視而不見 / 瓦蕾麗・巴科（Valérie Bacot）著 ; 林幱 譯 . -- 初版 . --
新北市 : 一起來出版 , 遠足文化事業股份有限公司 , 2025.09
面 ; 14.8×21 公分 . --（一起來 ; 0ZLI0003）
譯自：Tout le monde savait
ISBN 978-626-7577-65-3（平裝）

1. CST: 巴 科 (Bacot, Valérie) 2. CST: 傳 記 3. CST: 受 虐 女 性
4. CST: 婚姻暴力 5. CST: 法國

784.28 114009159